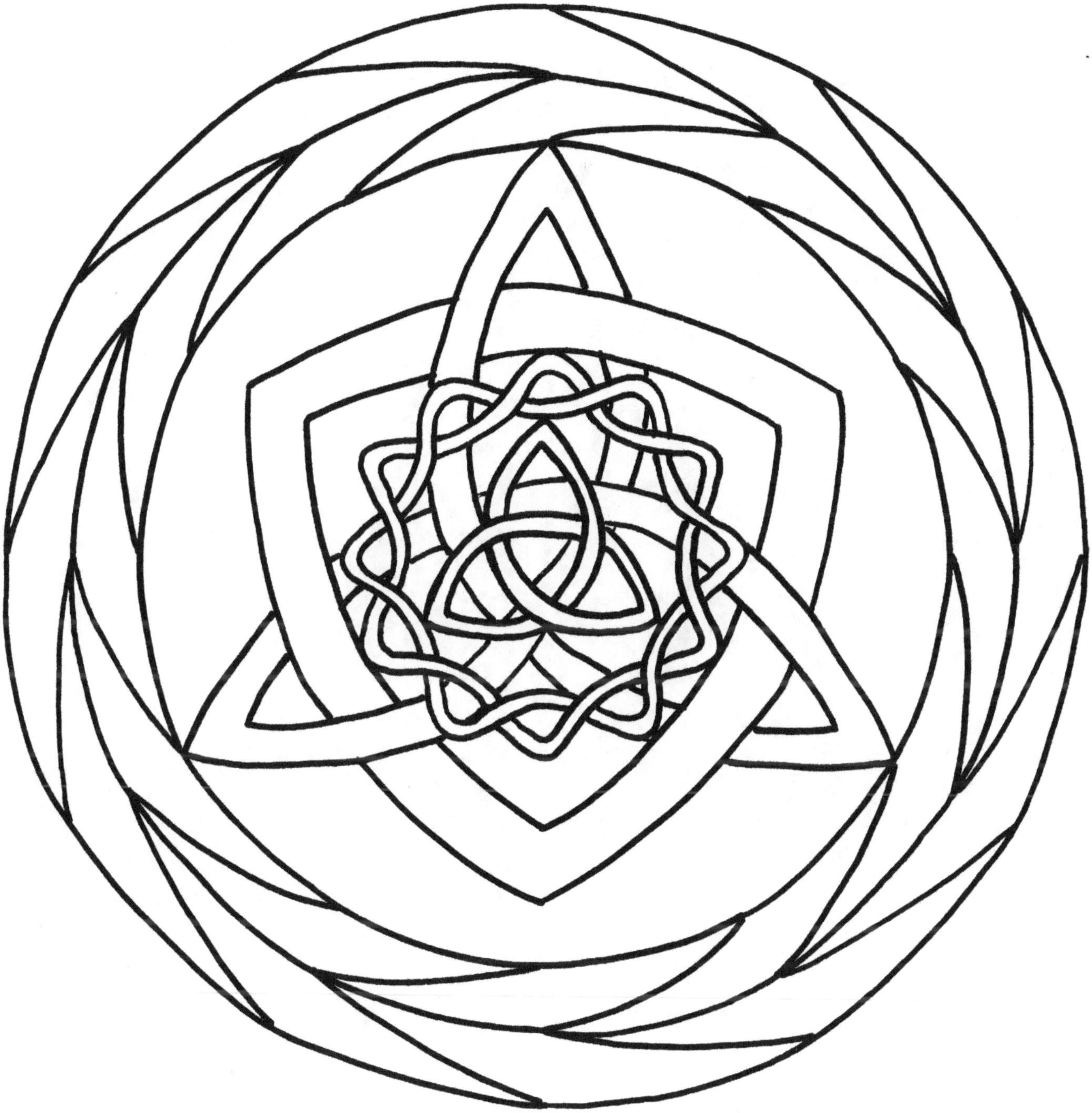

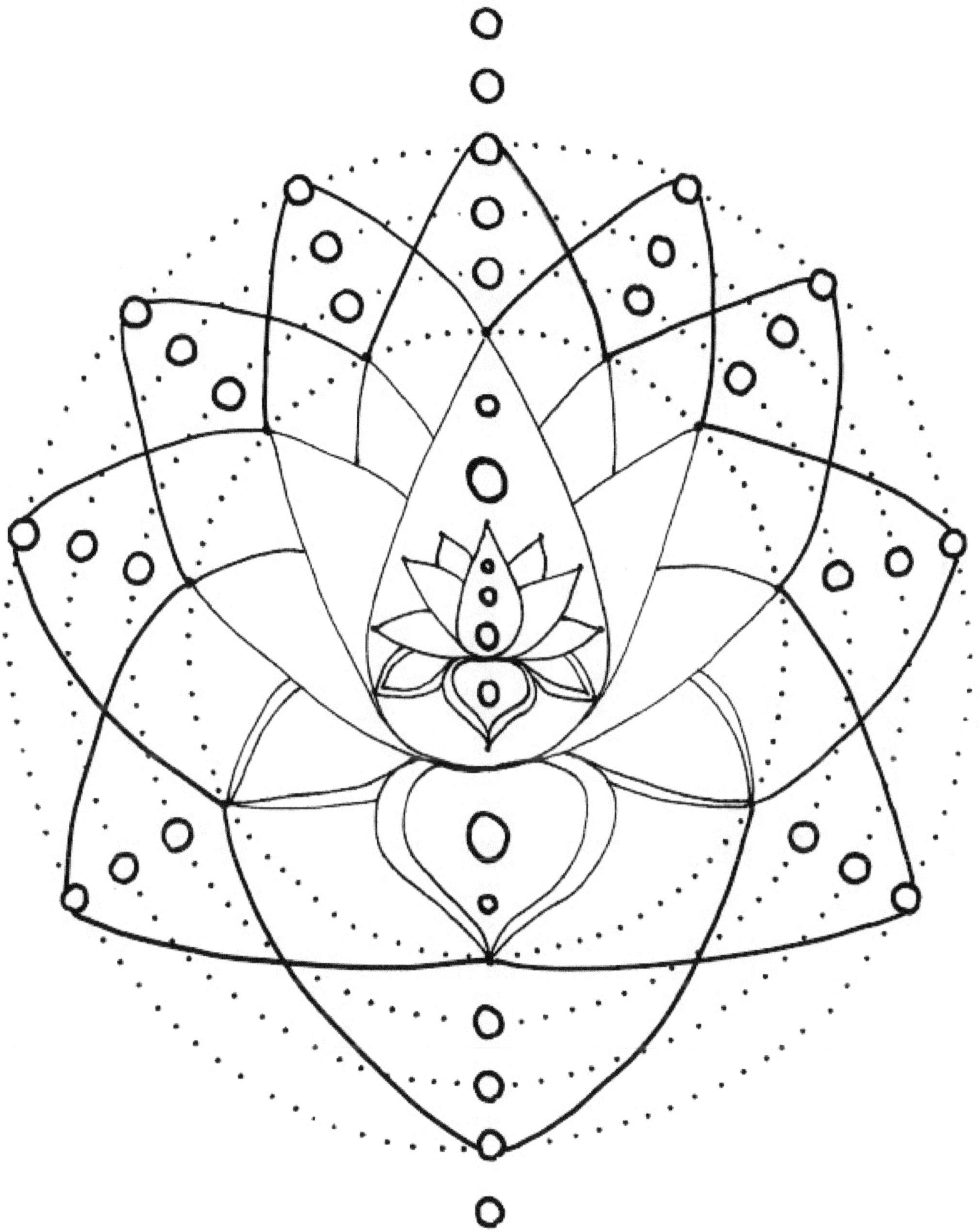

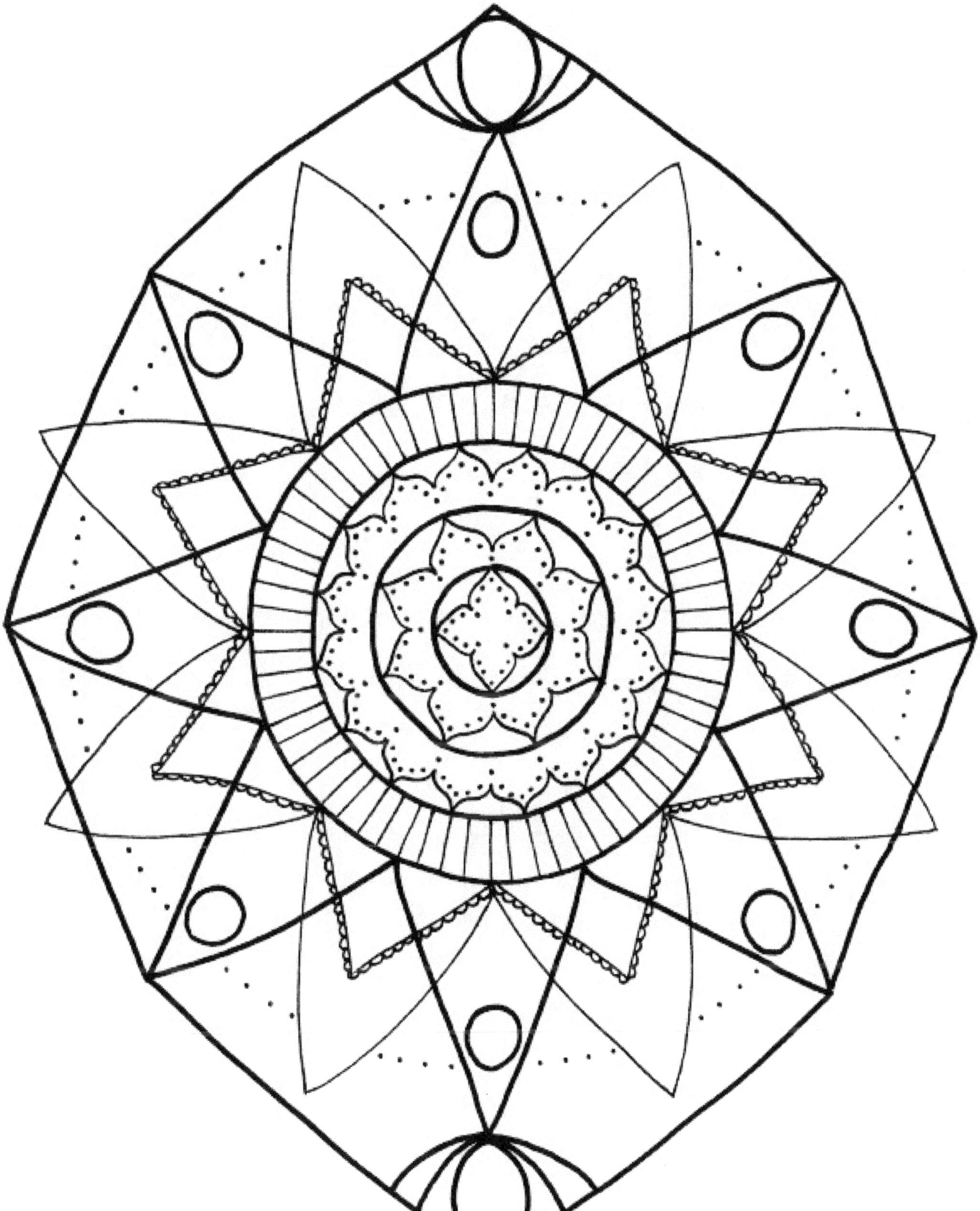

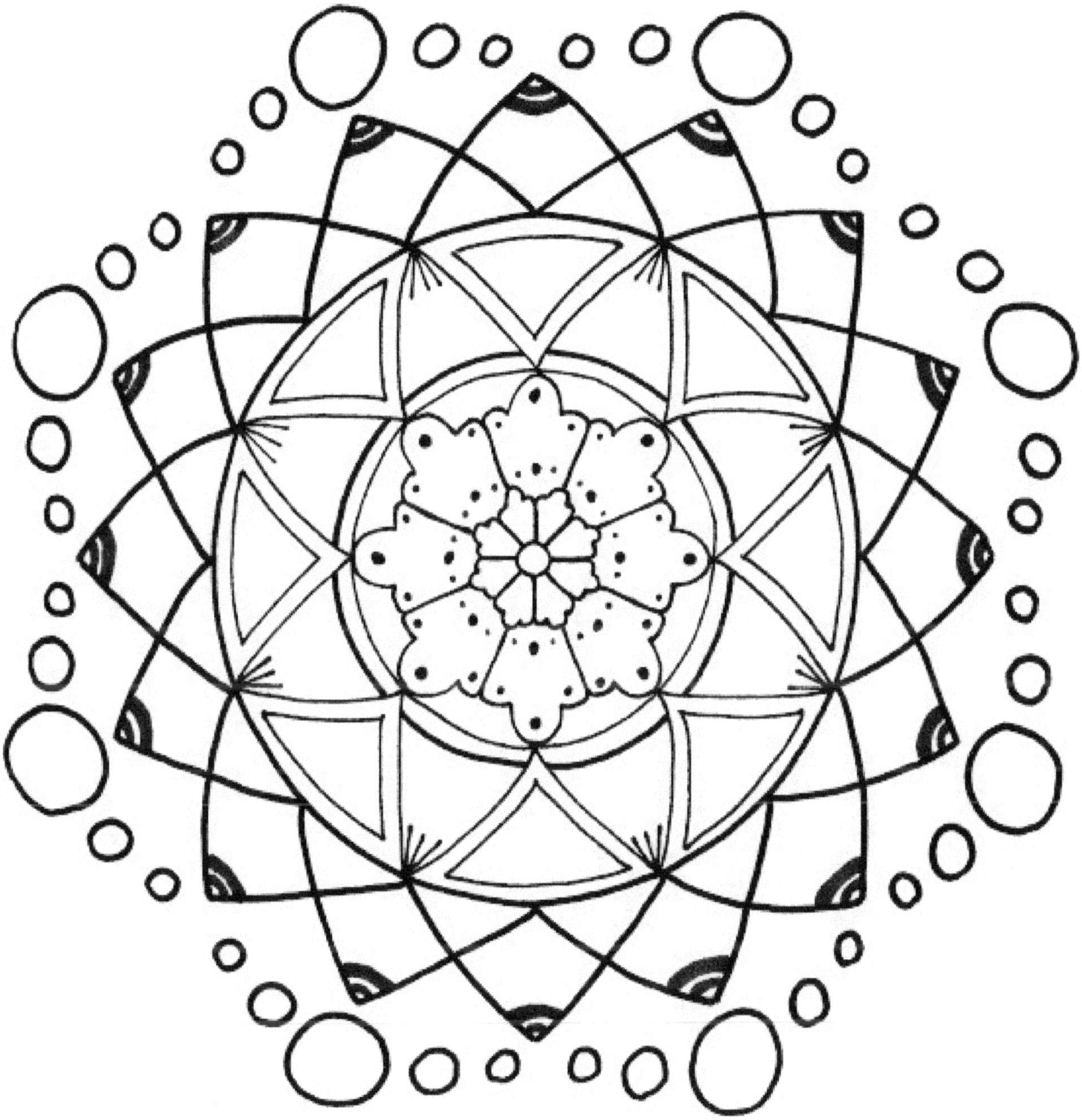

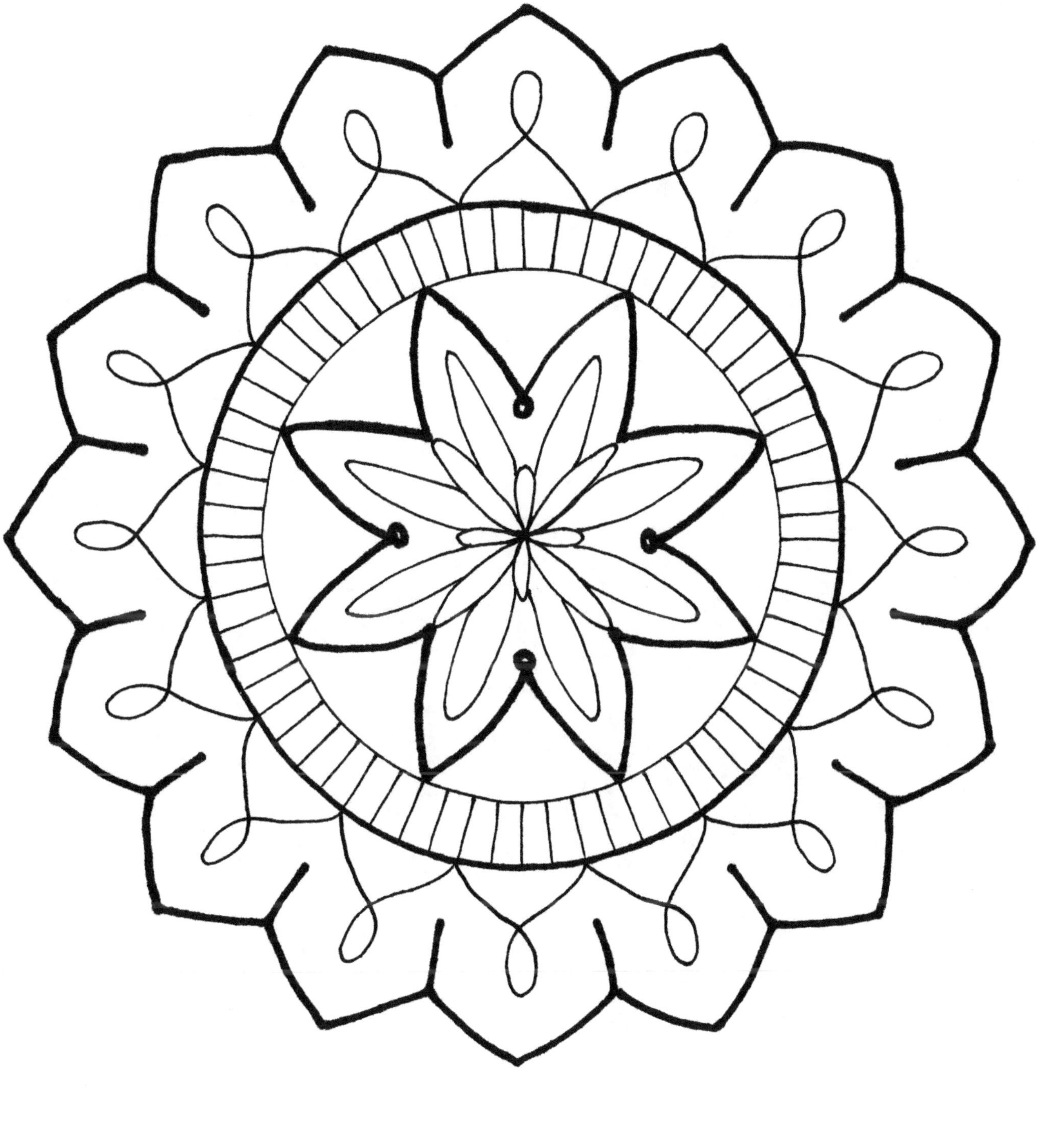

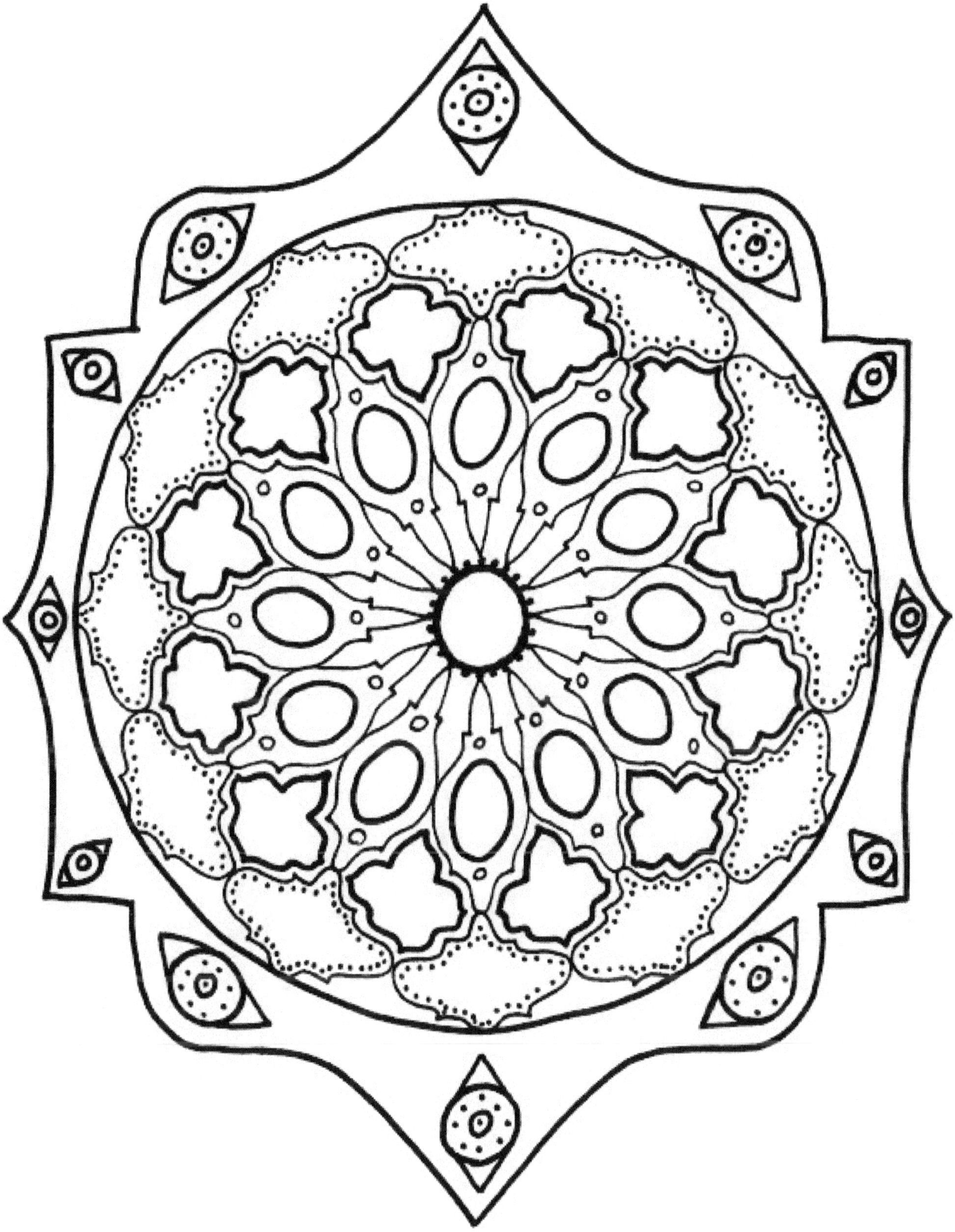

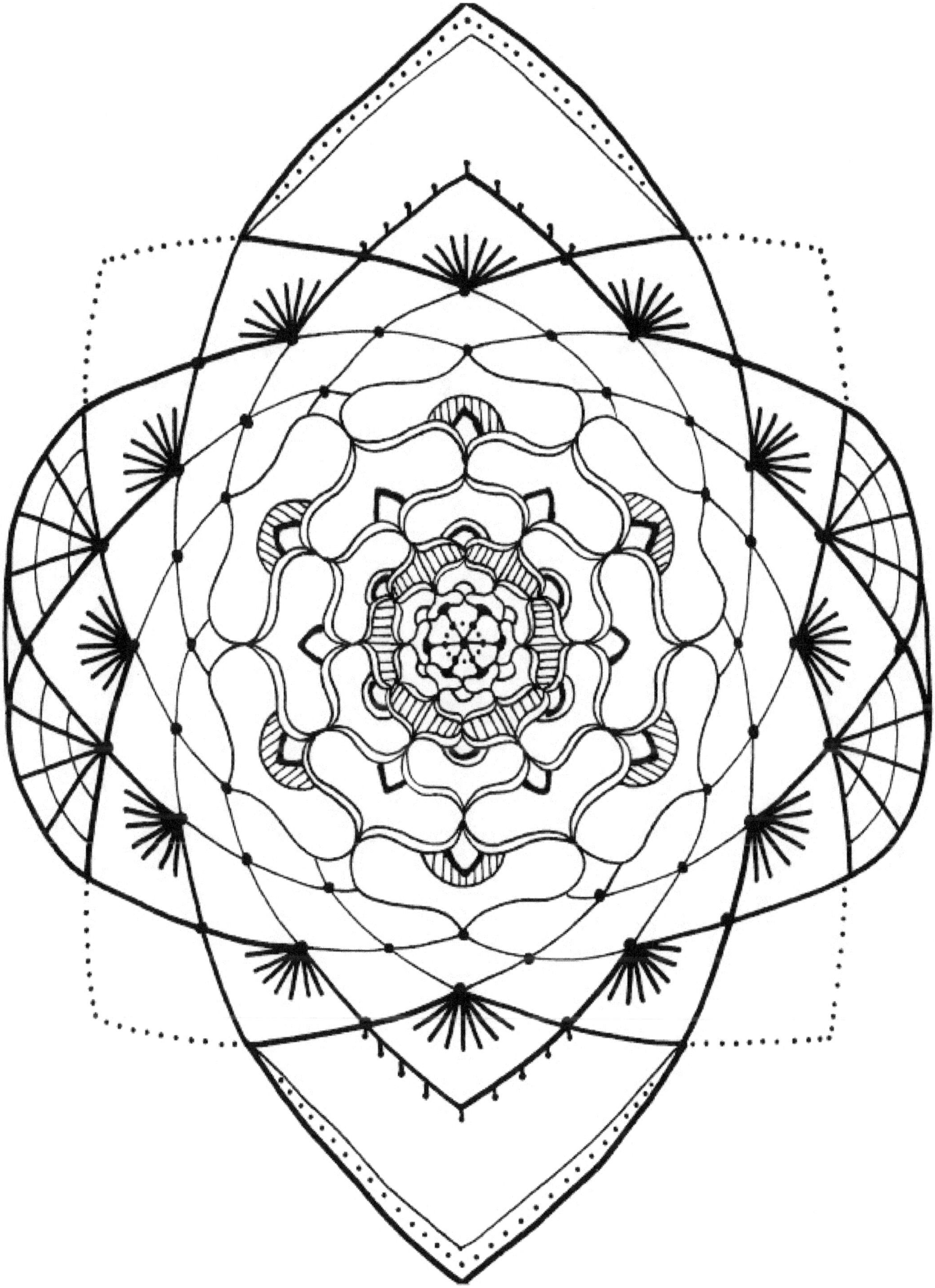

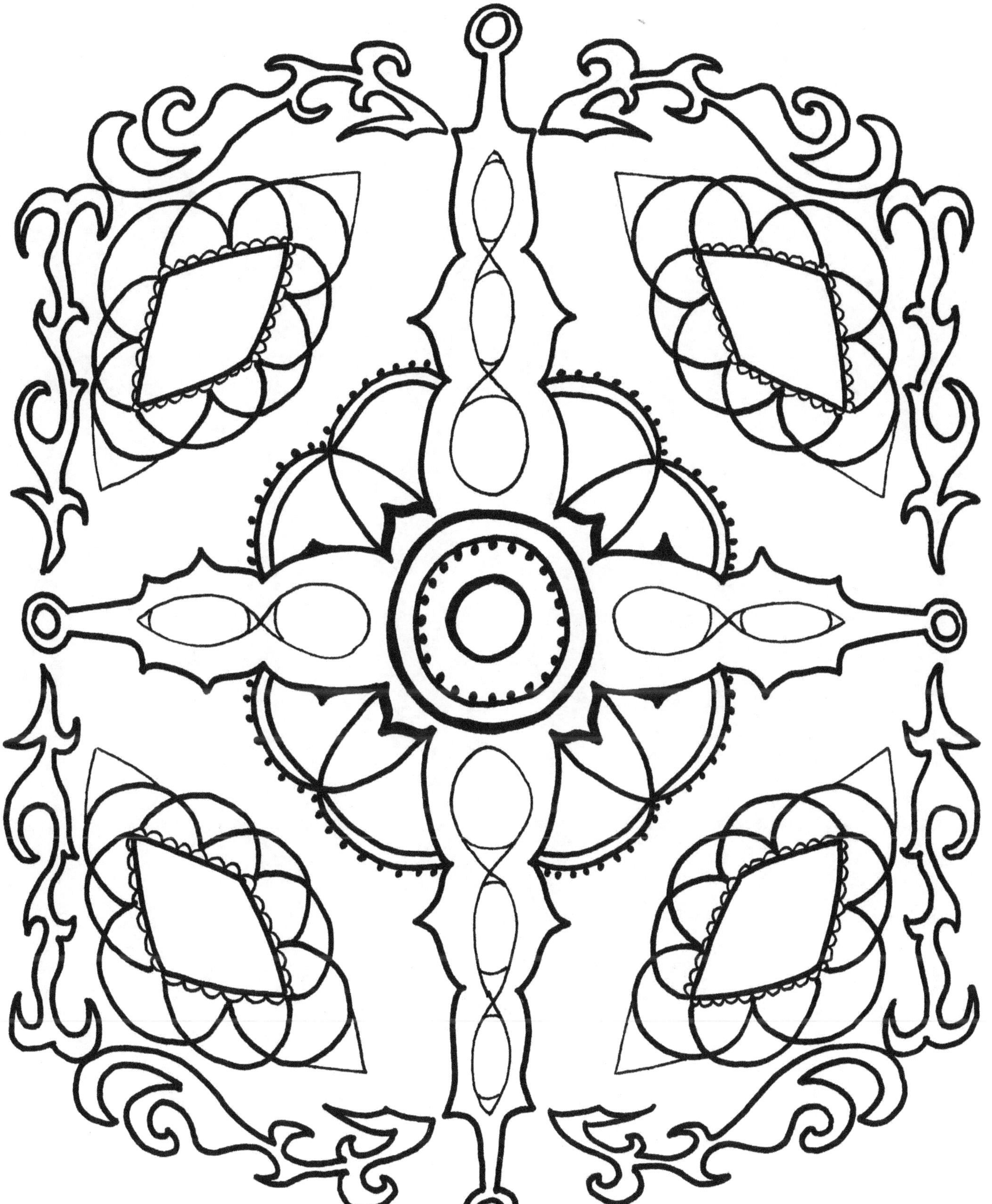

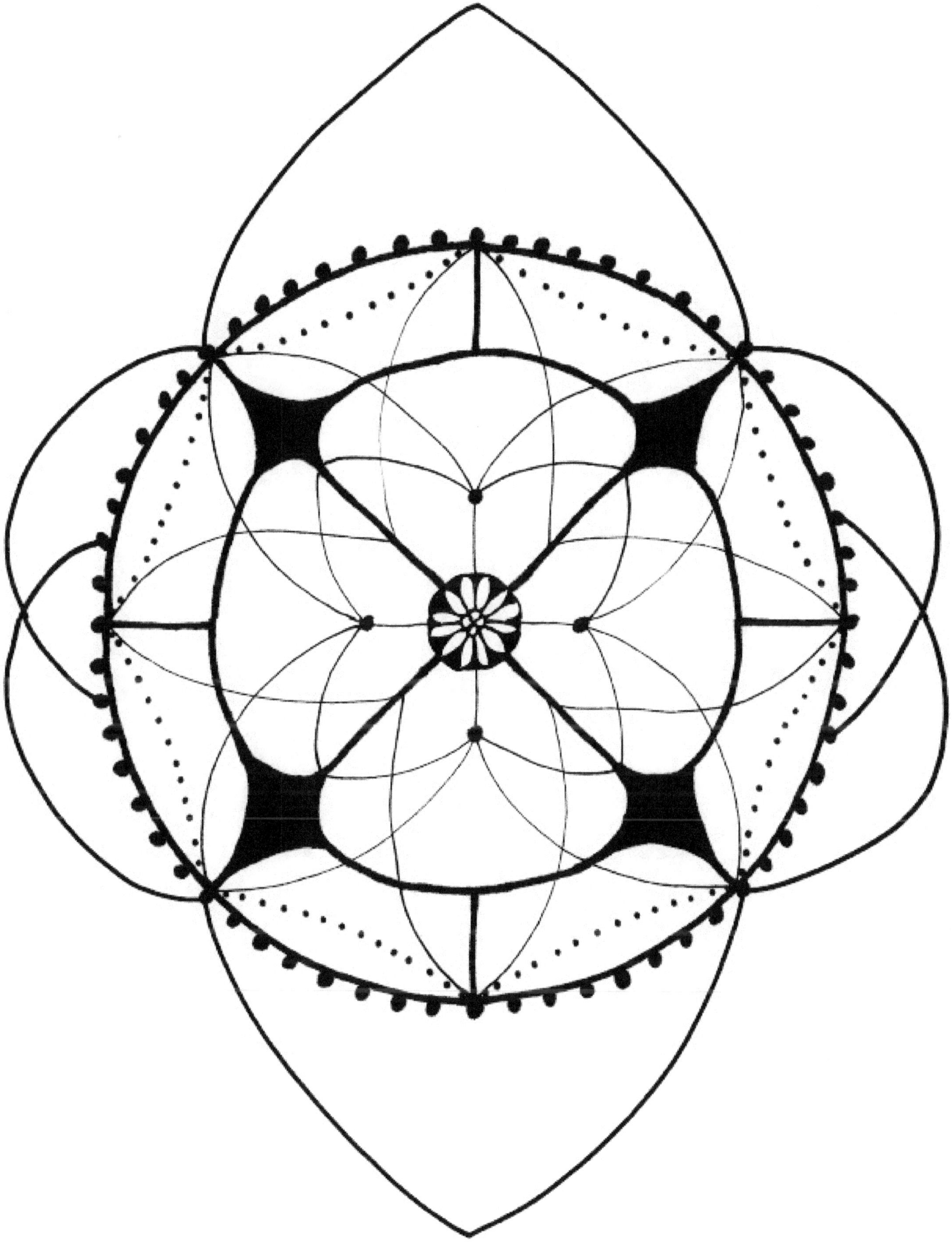

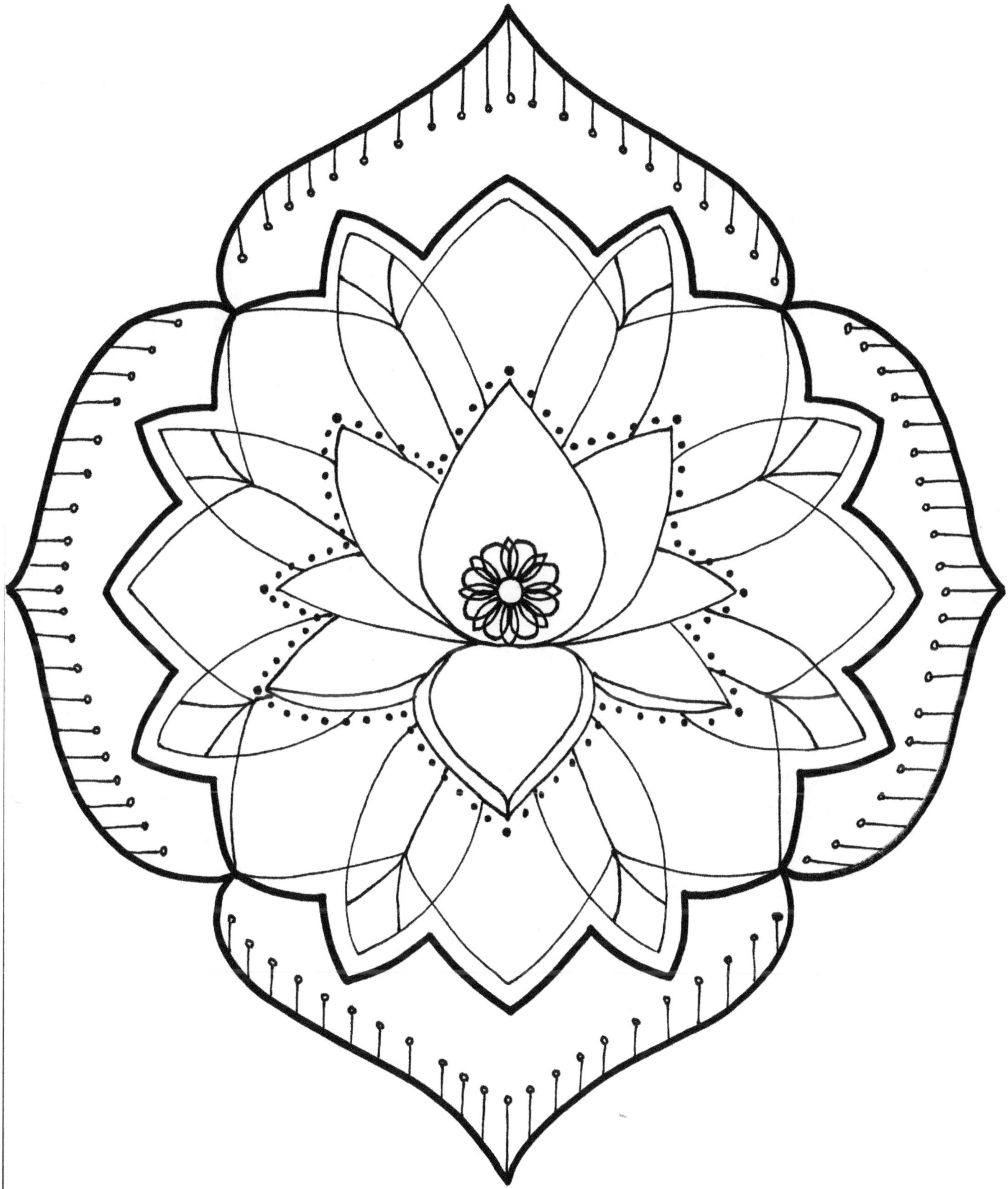

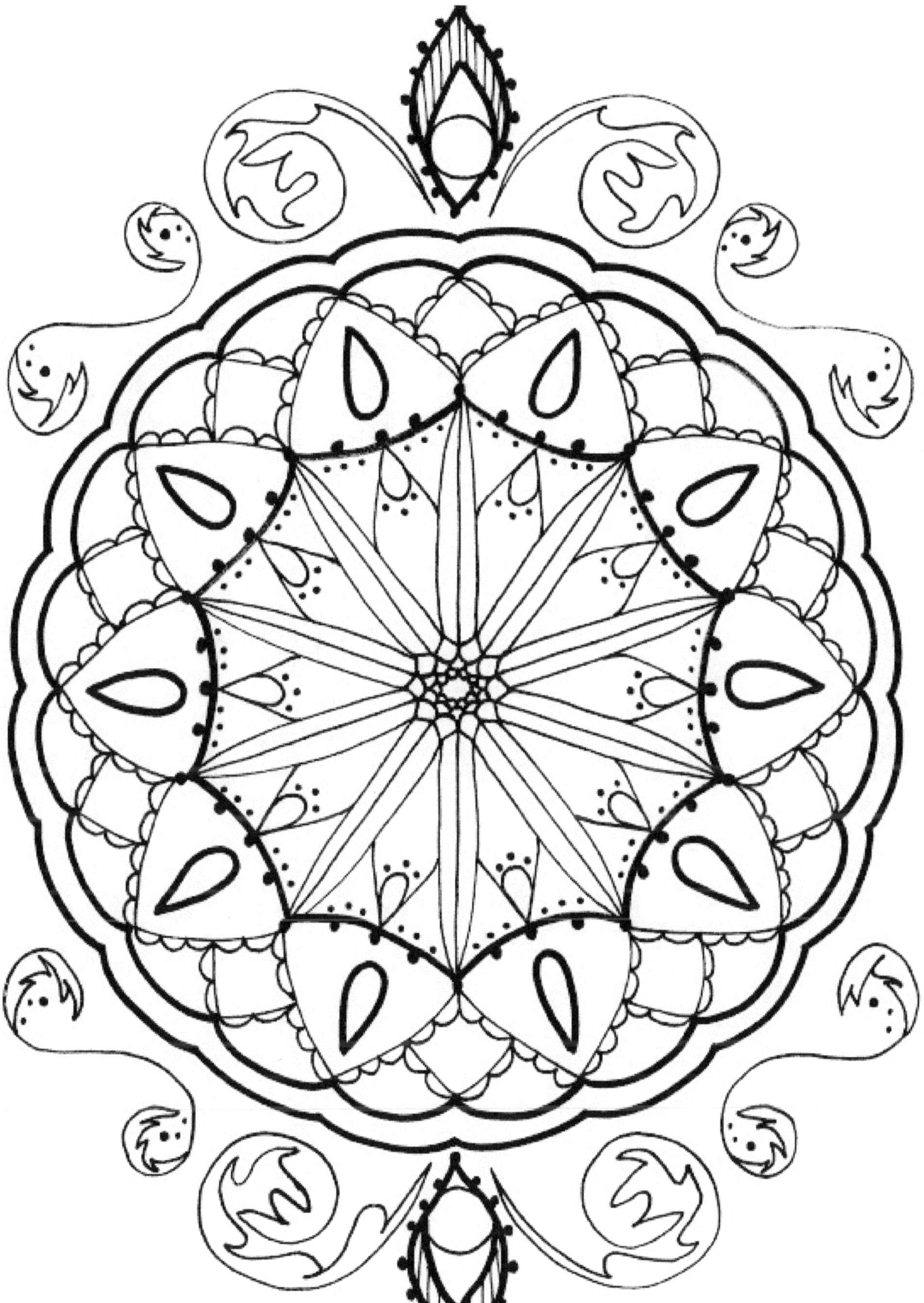

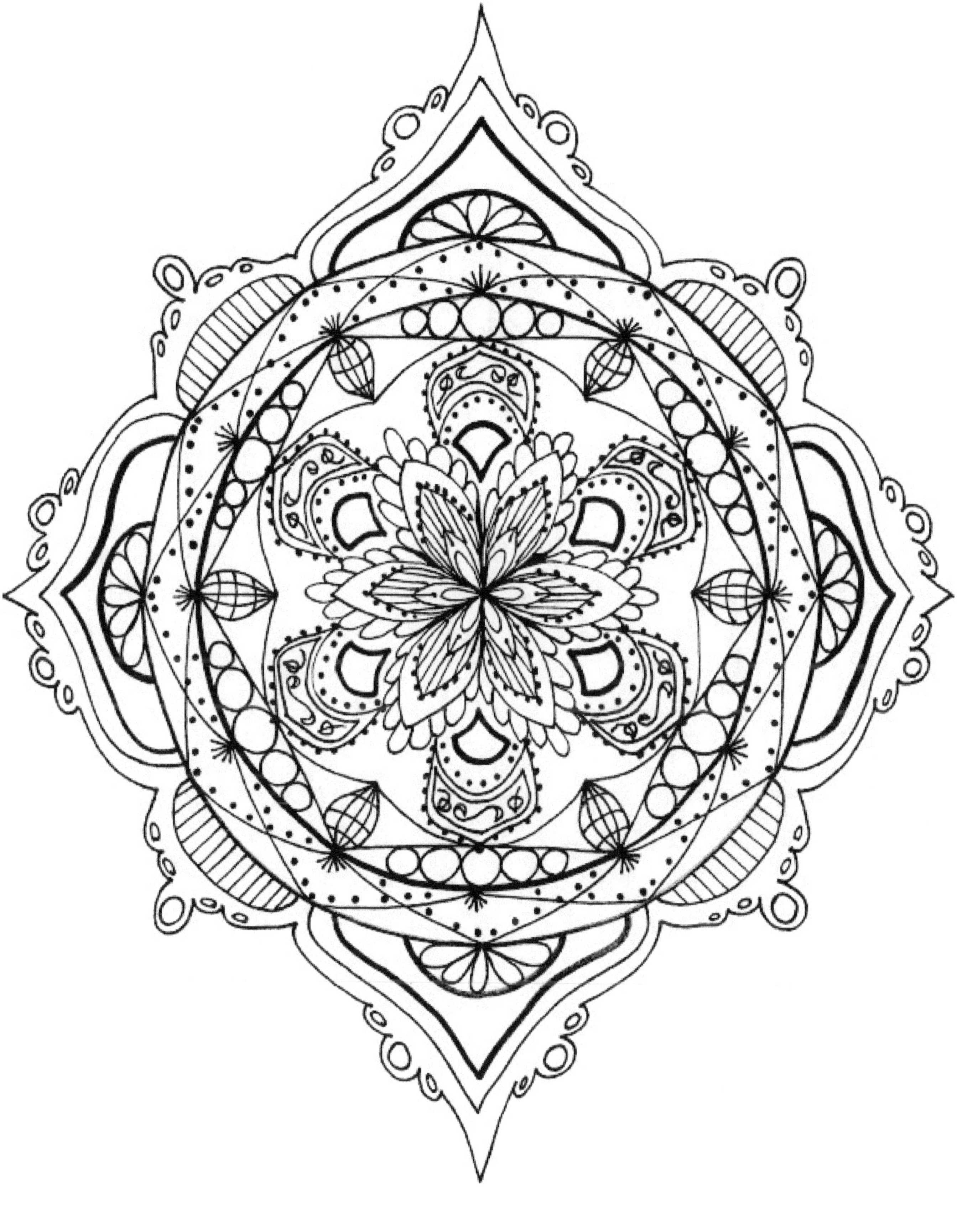

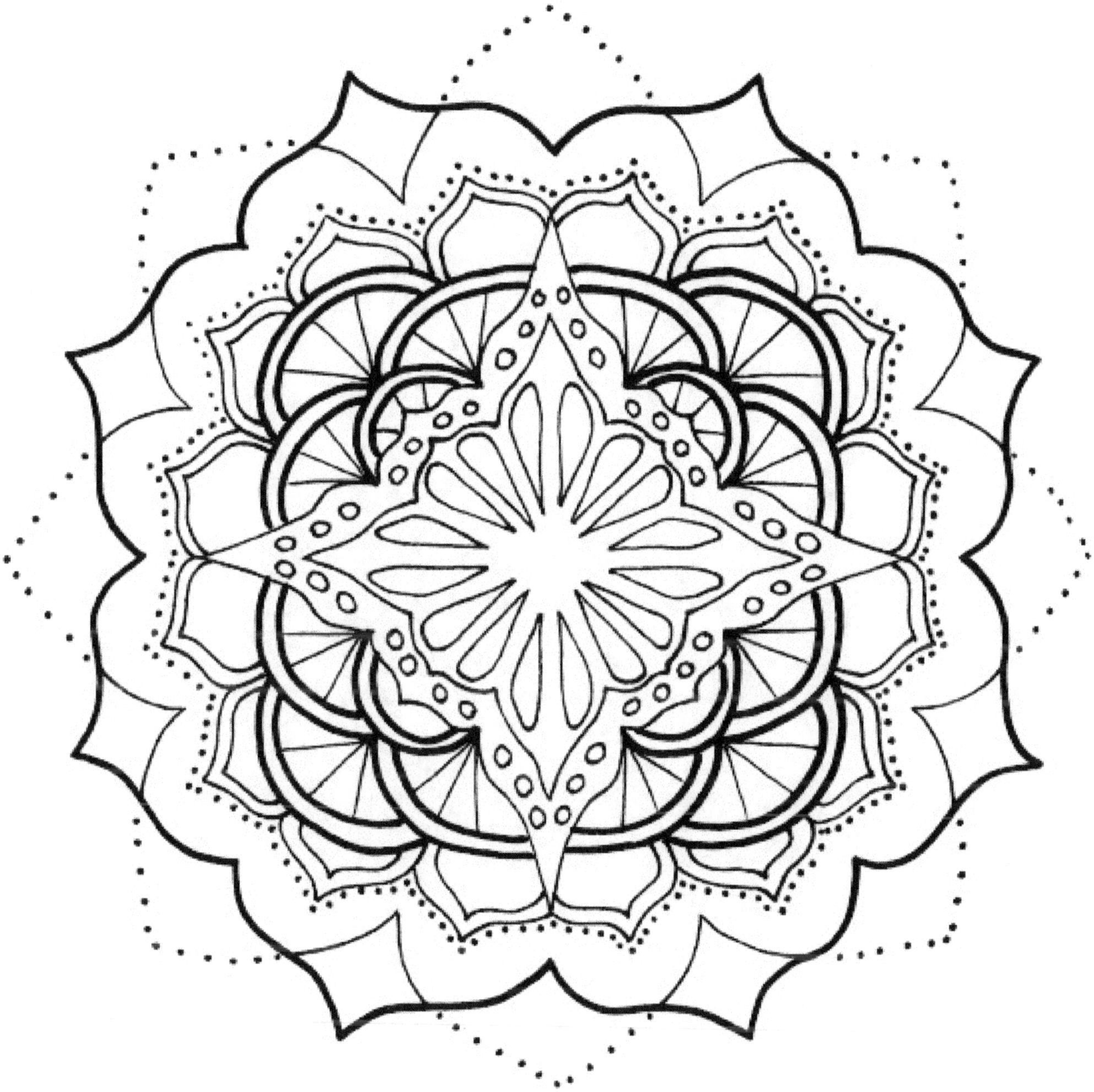

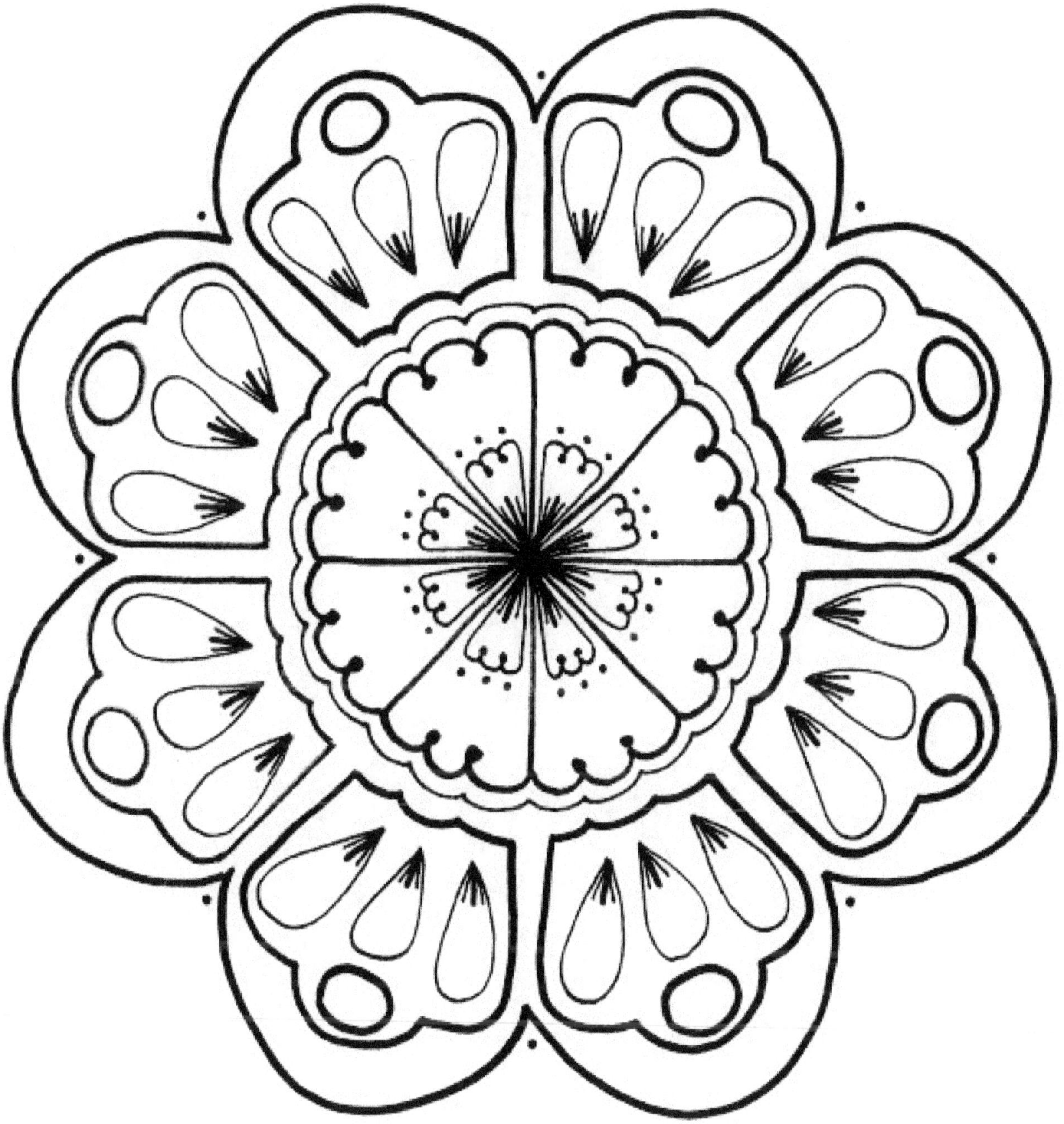

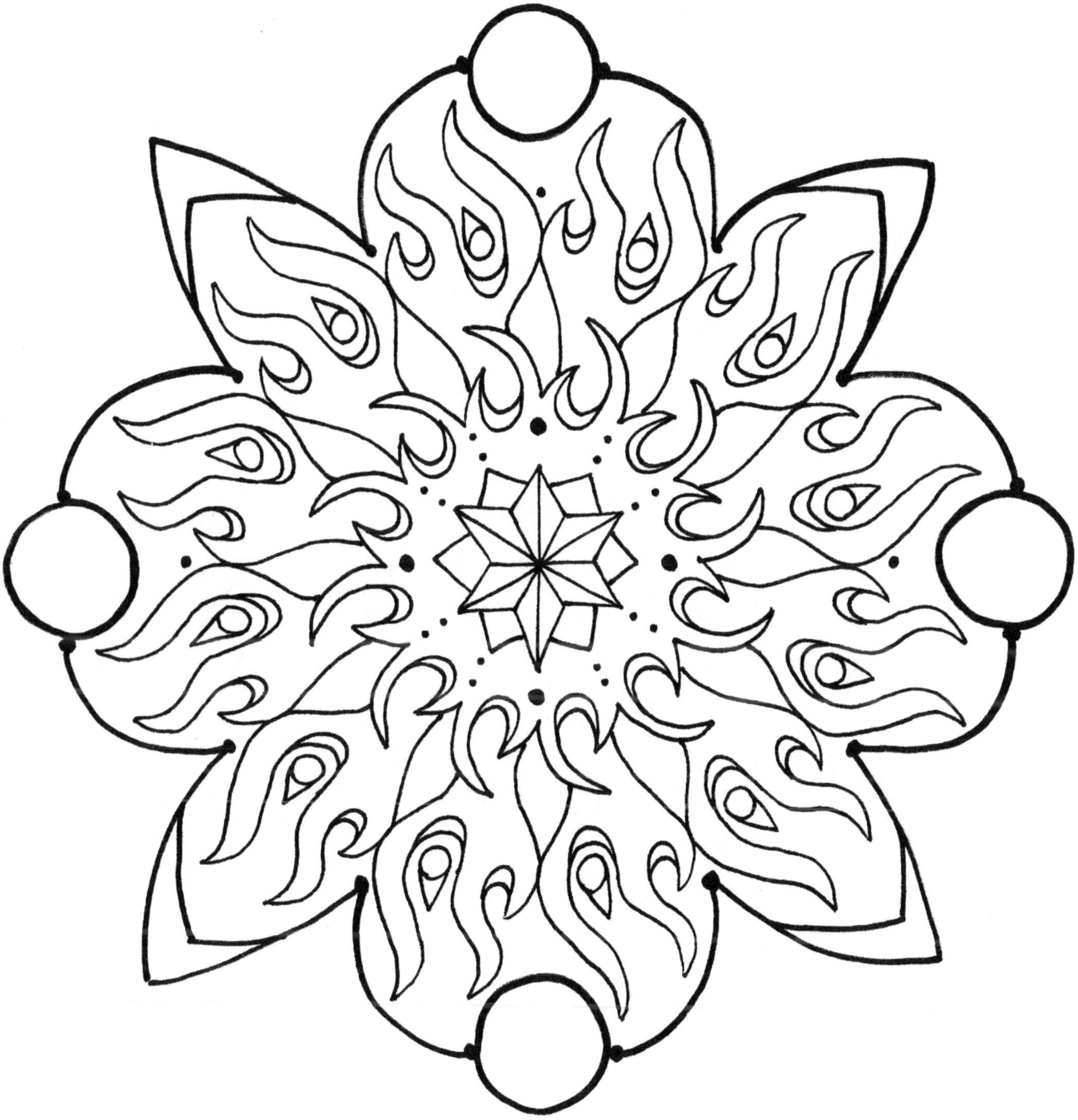

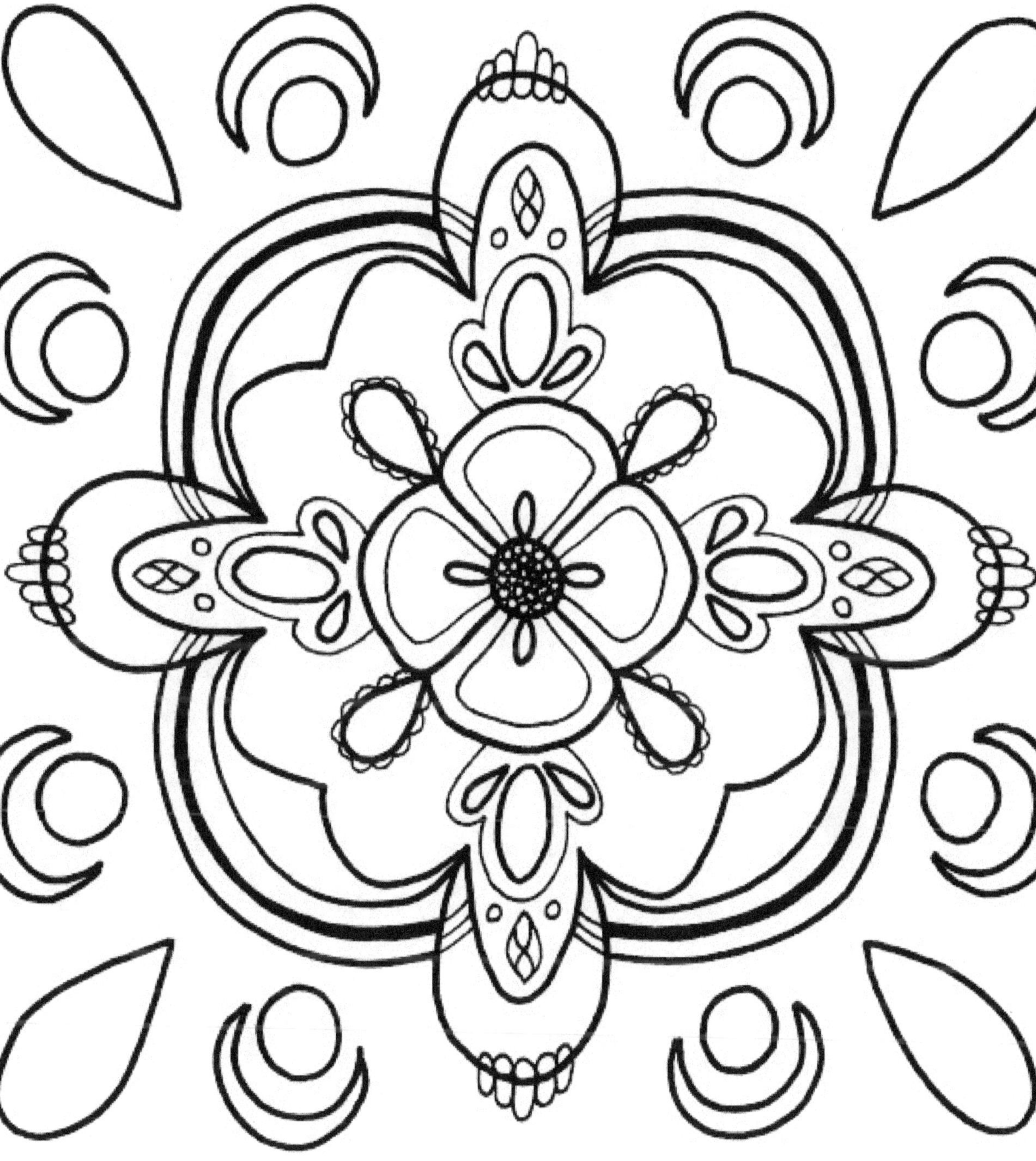

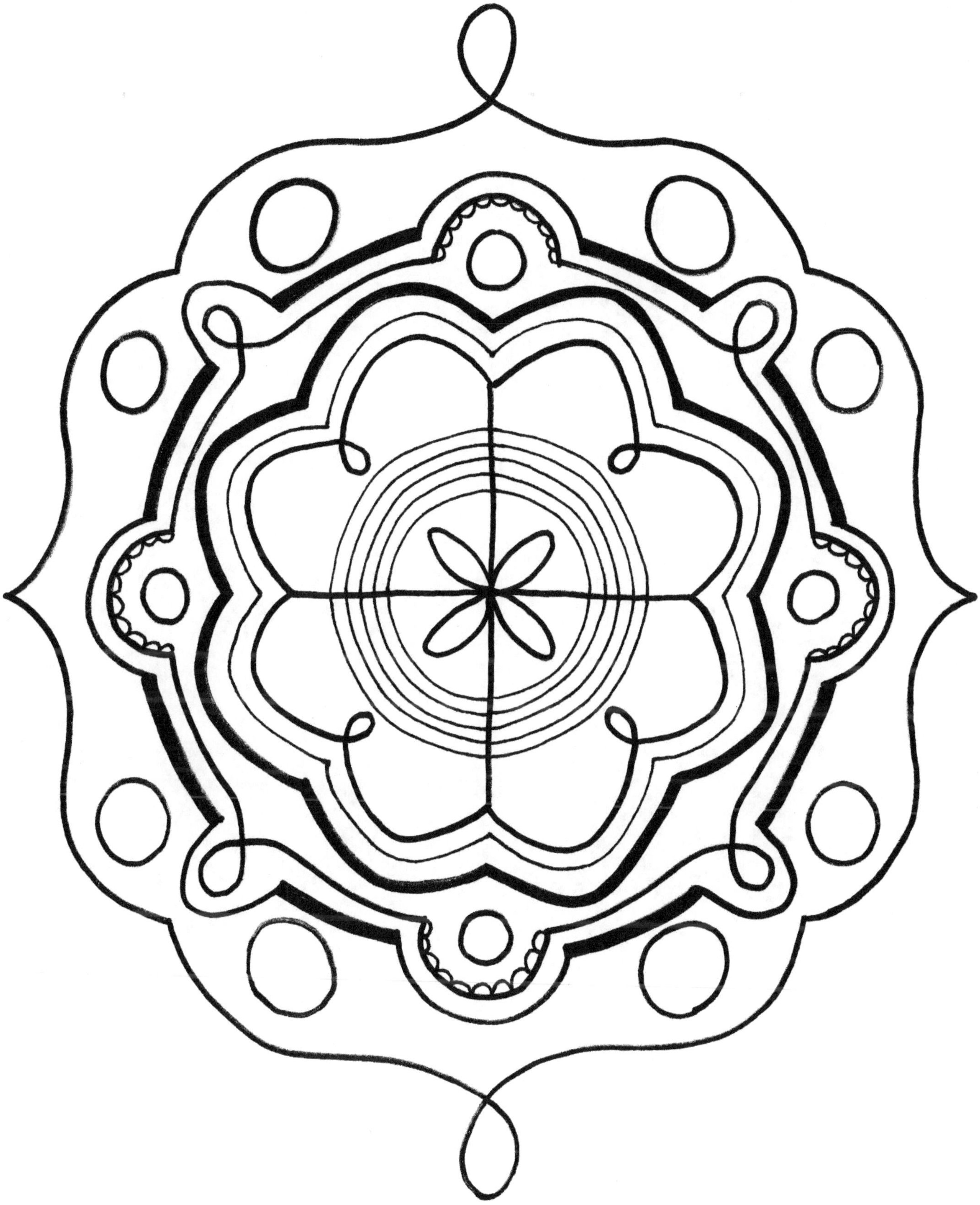

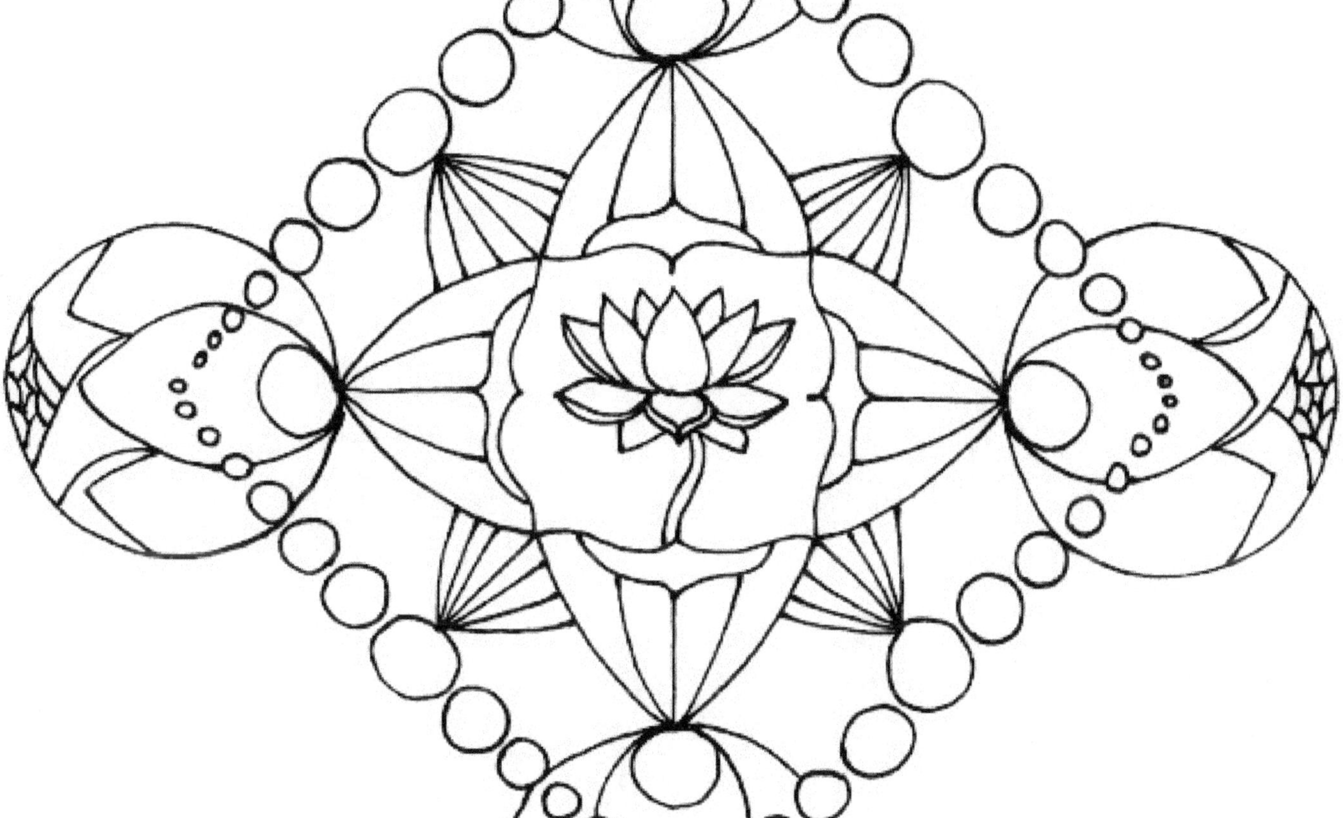

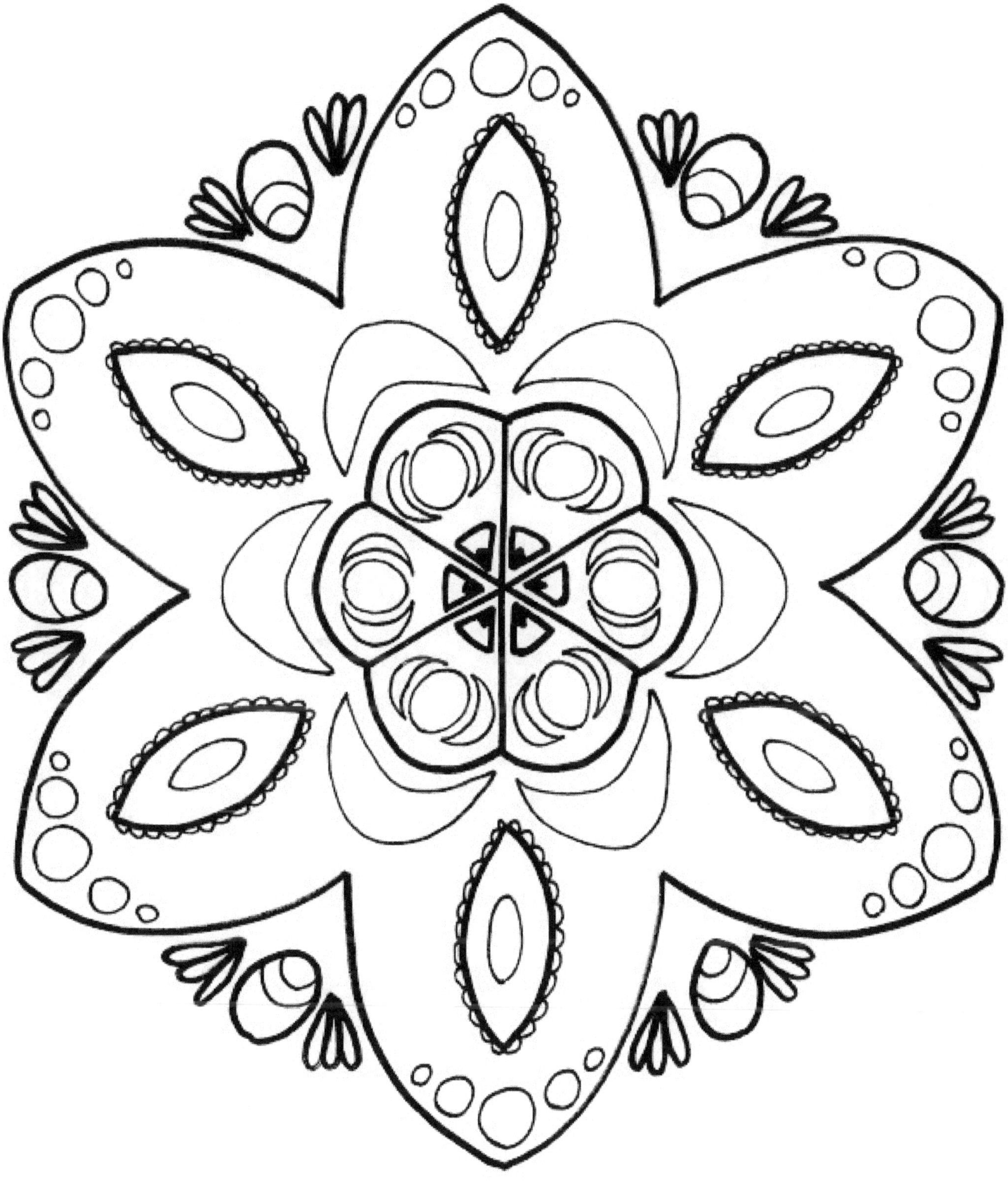

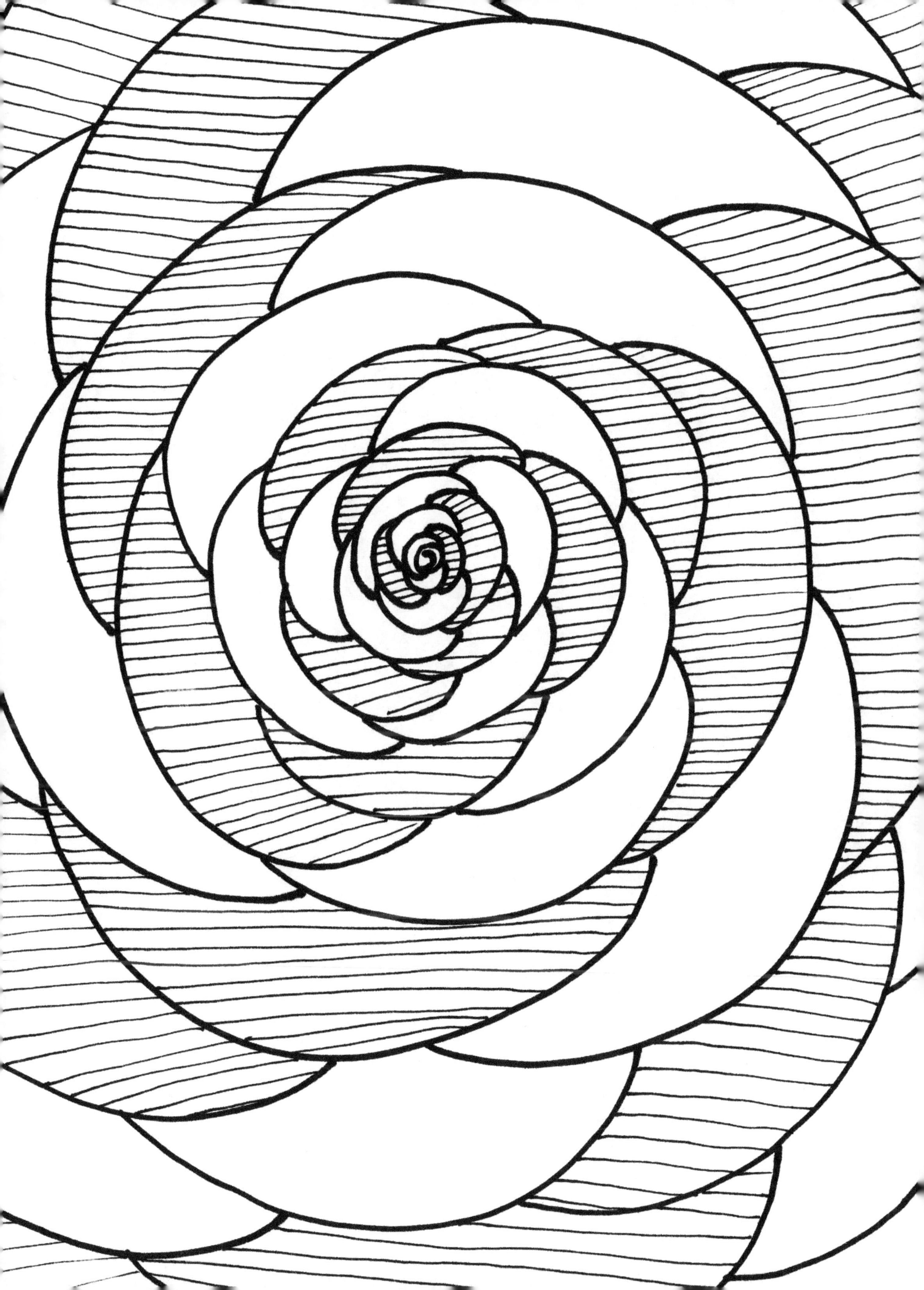

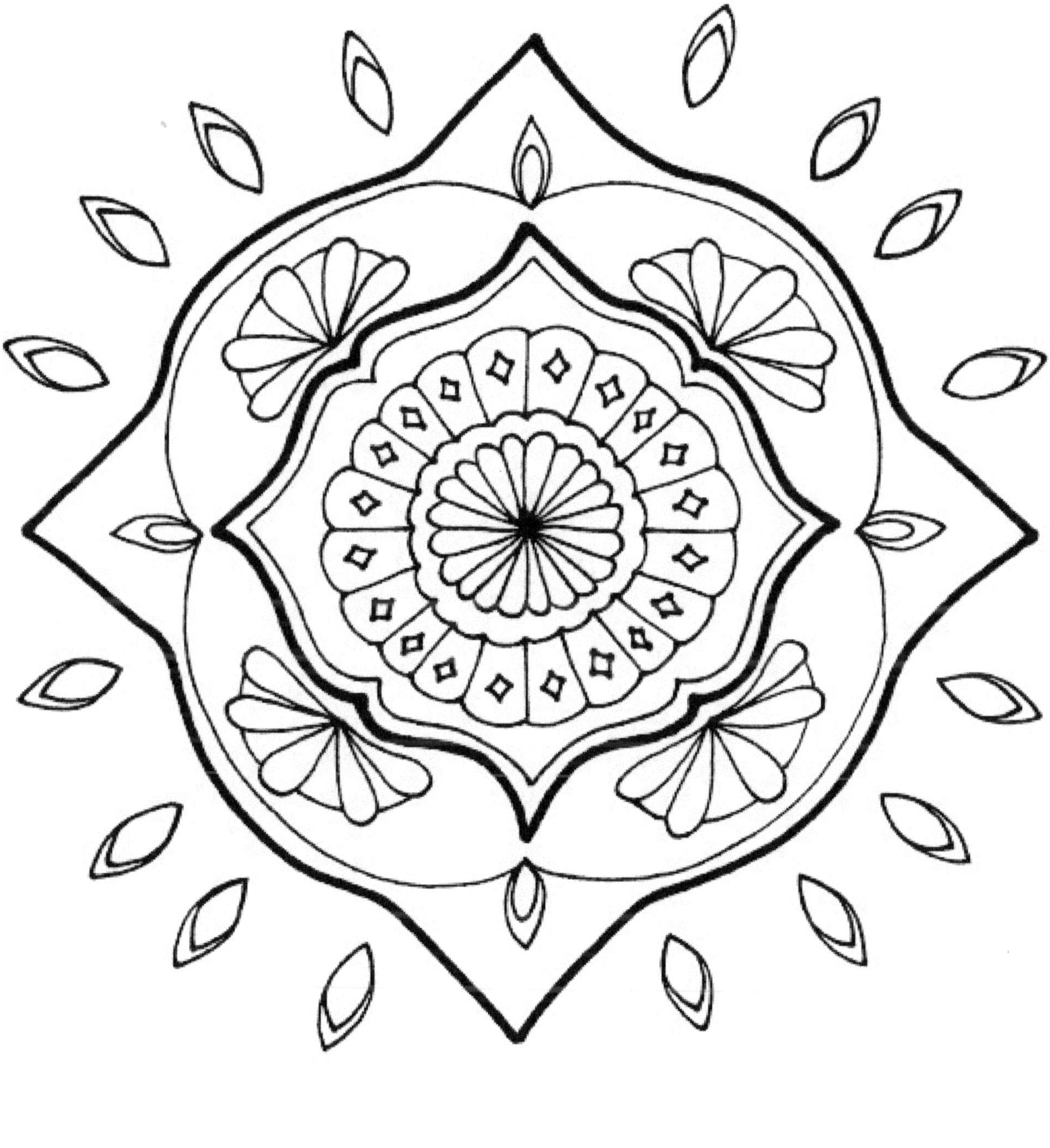

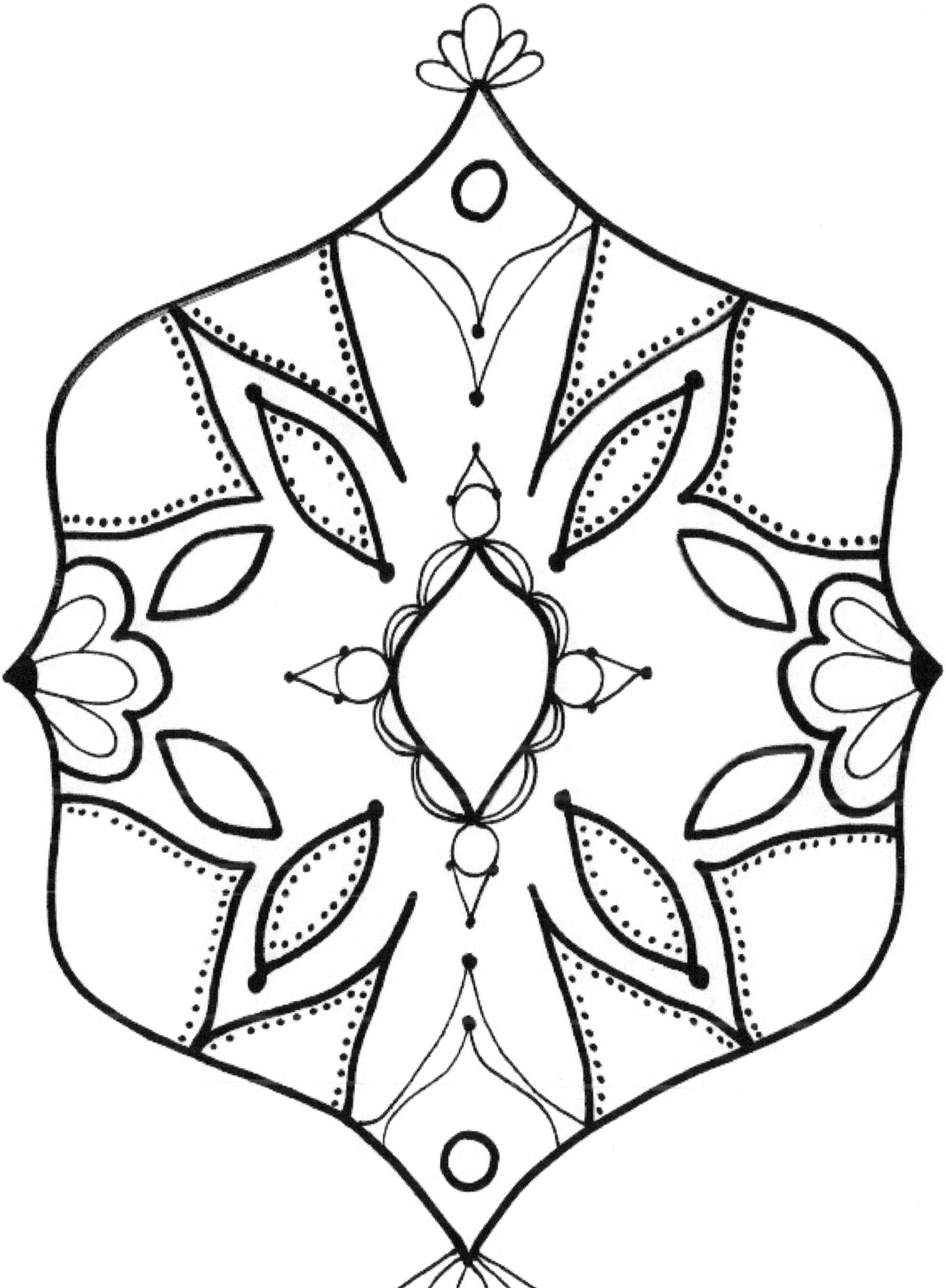

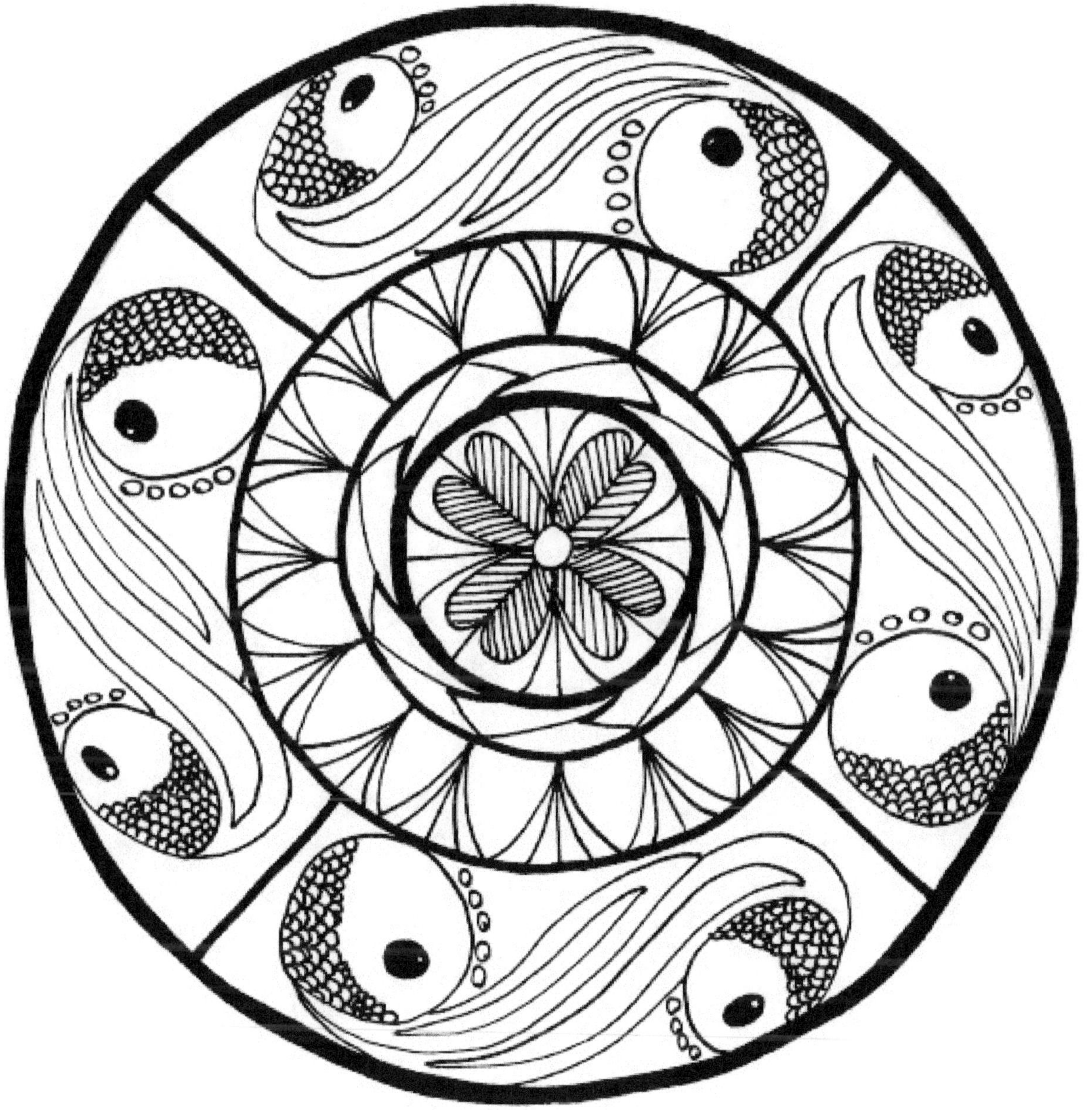

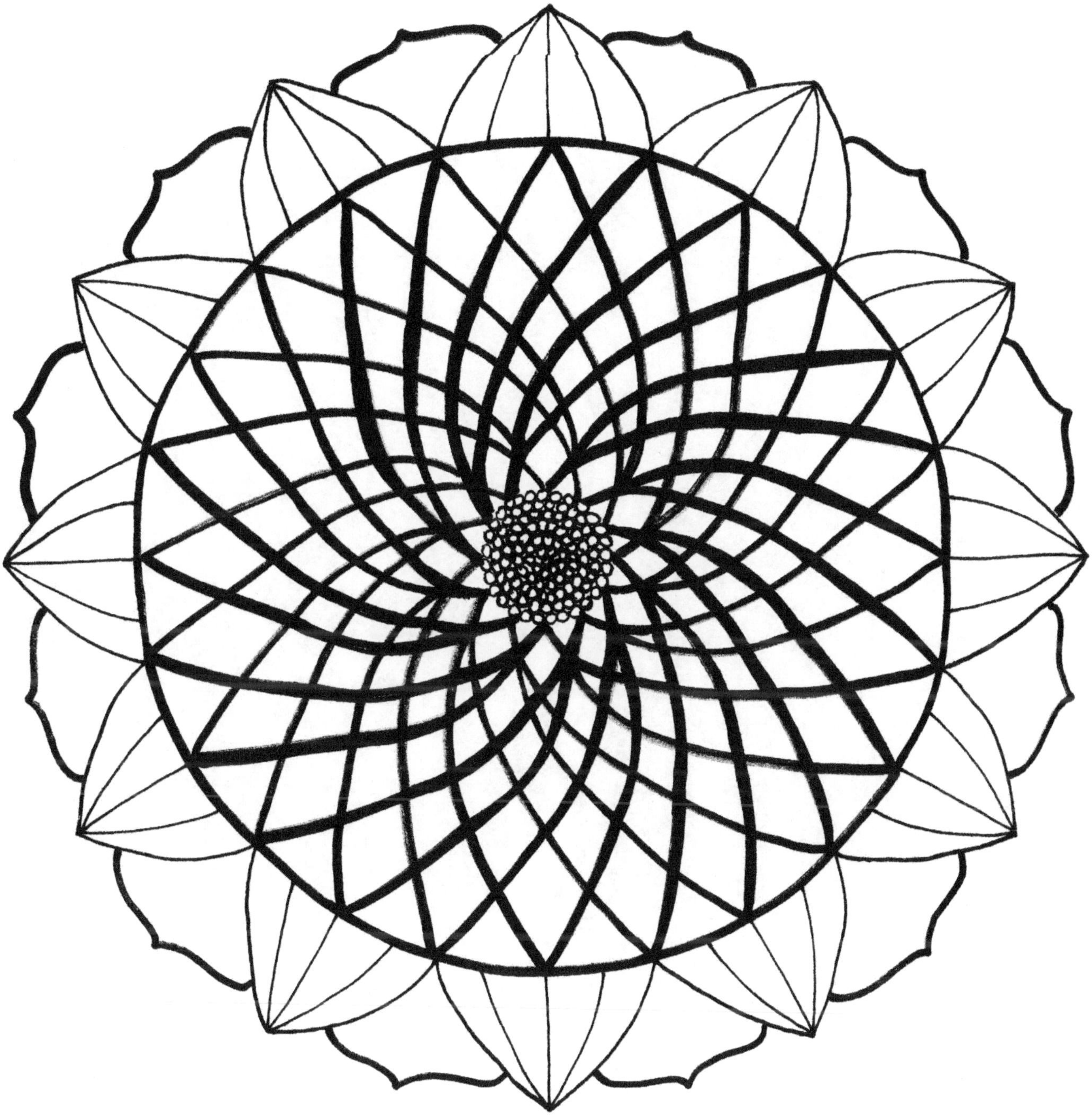

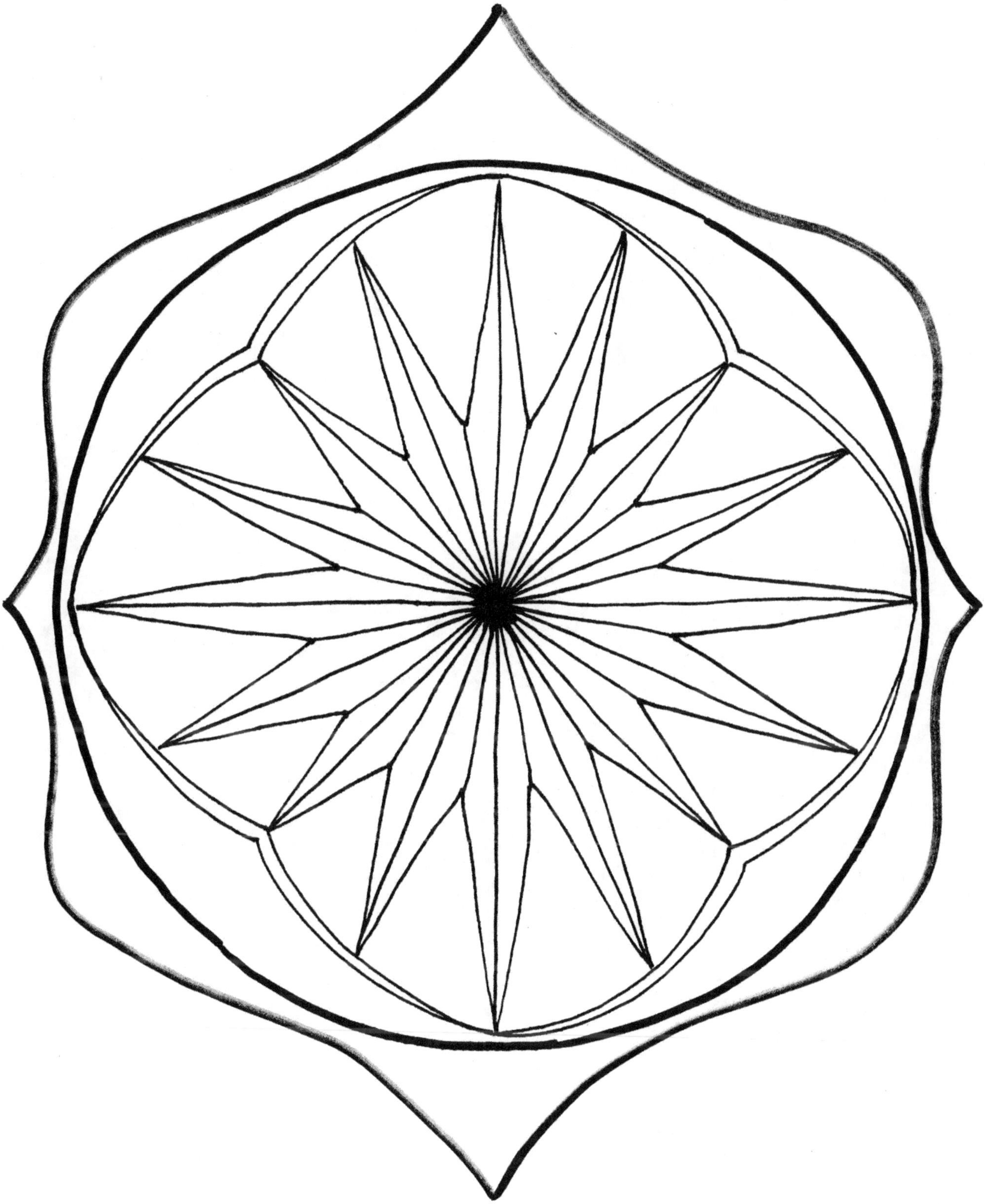

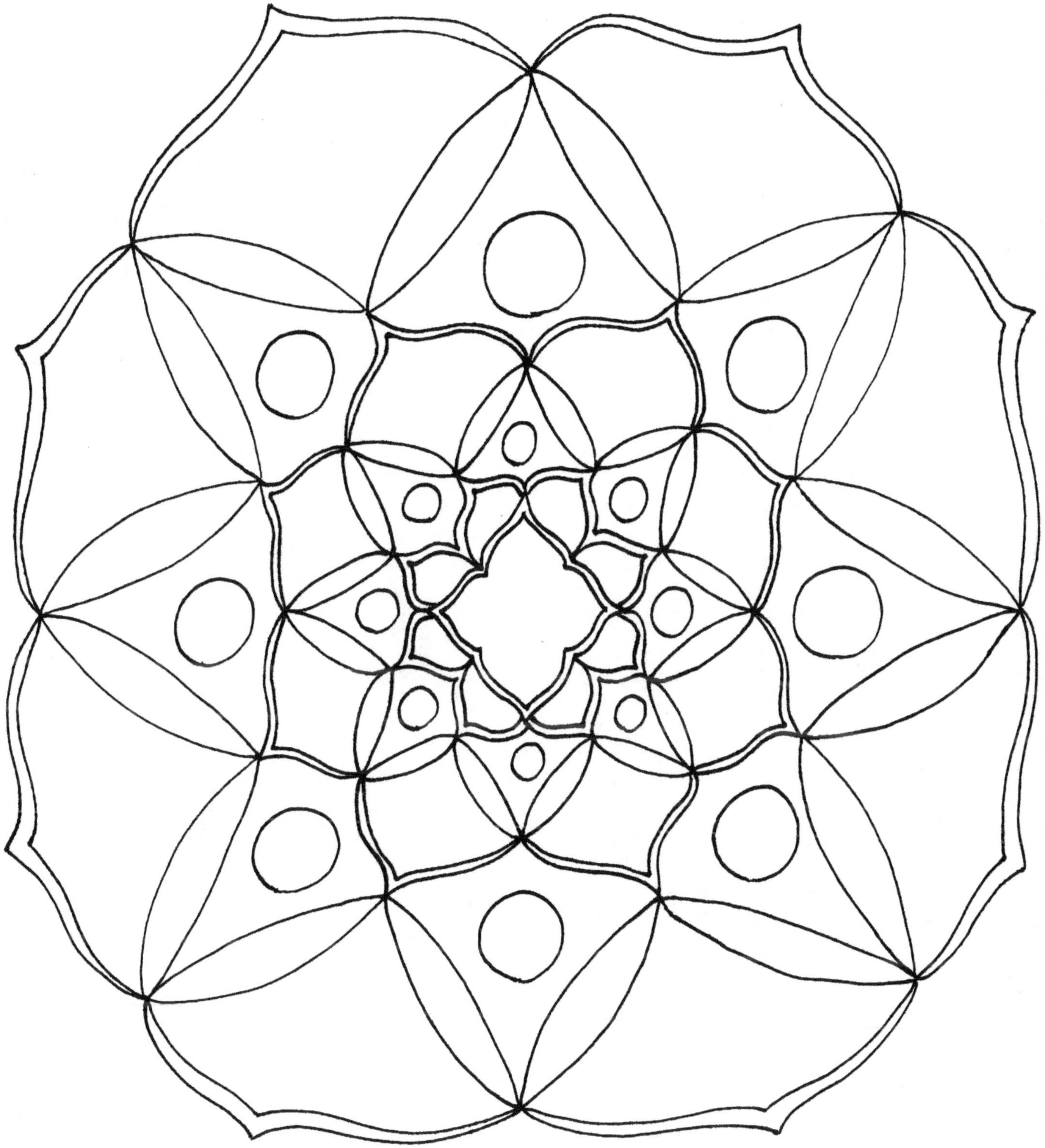

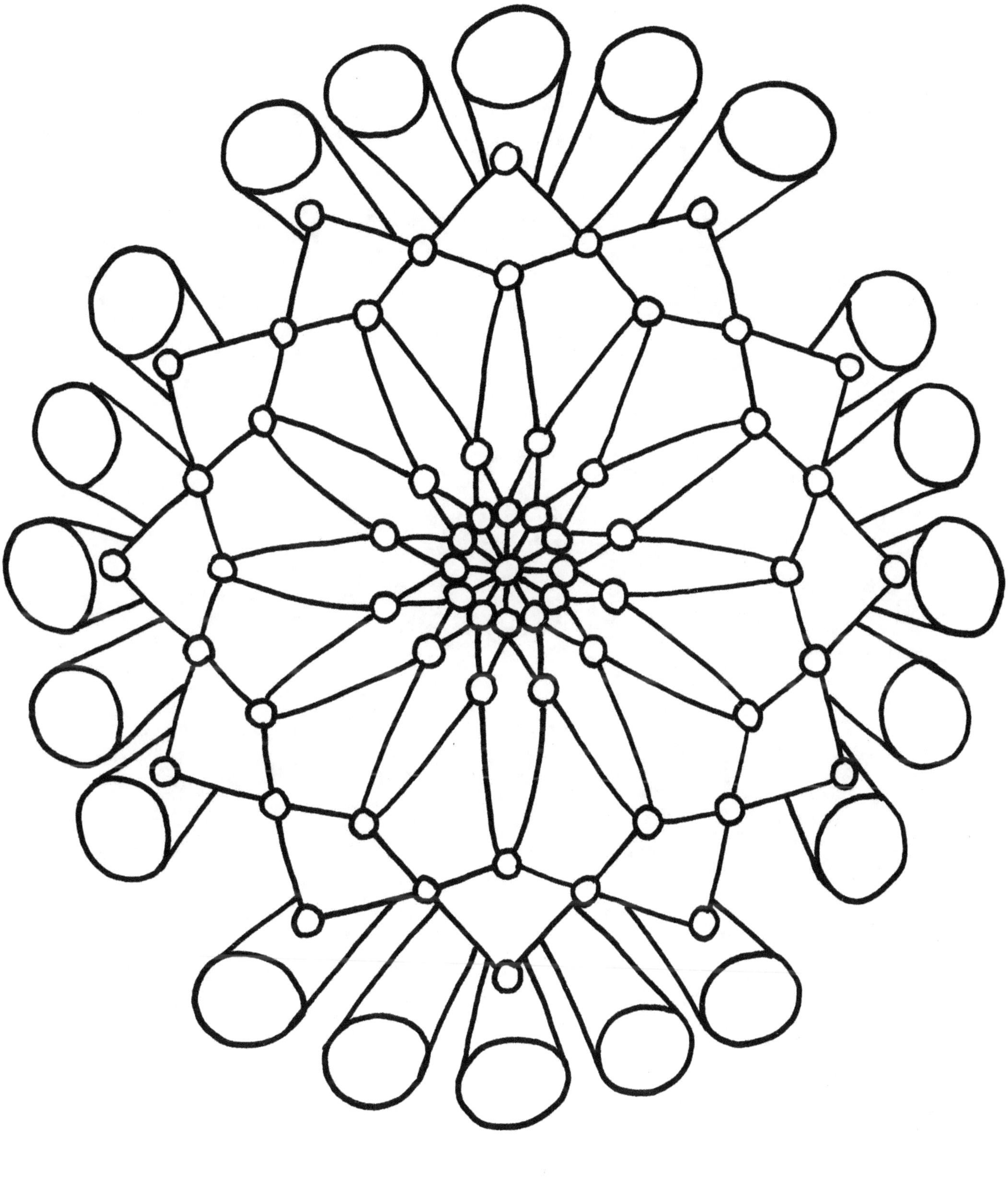

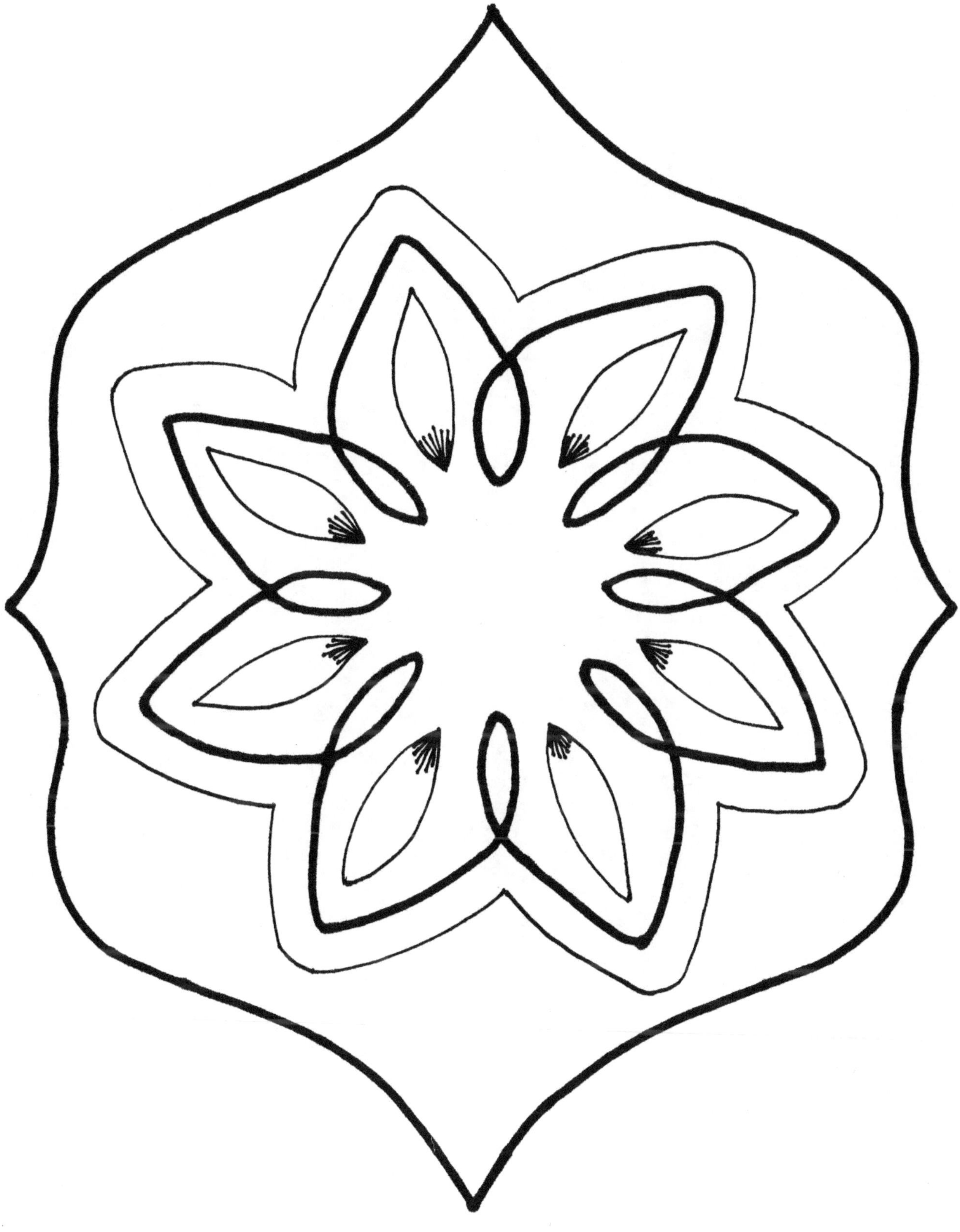

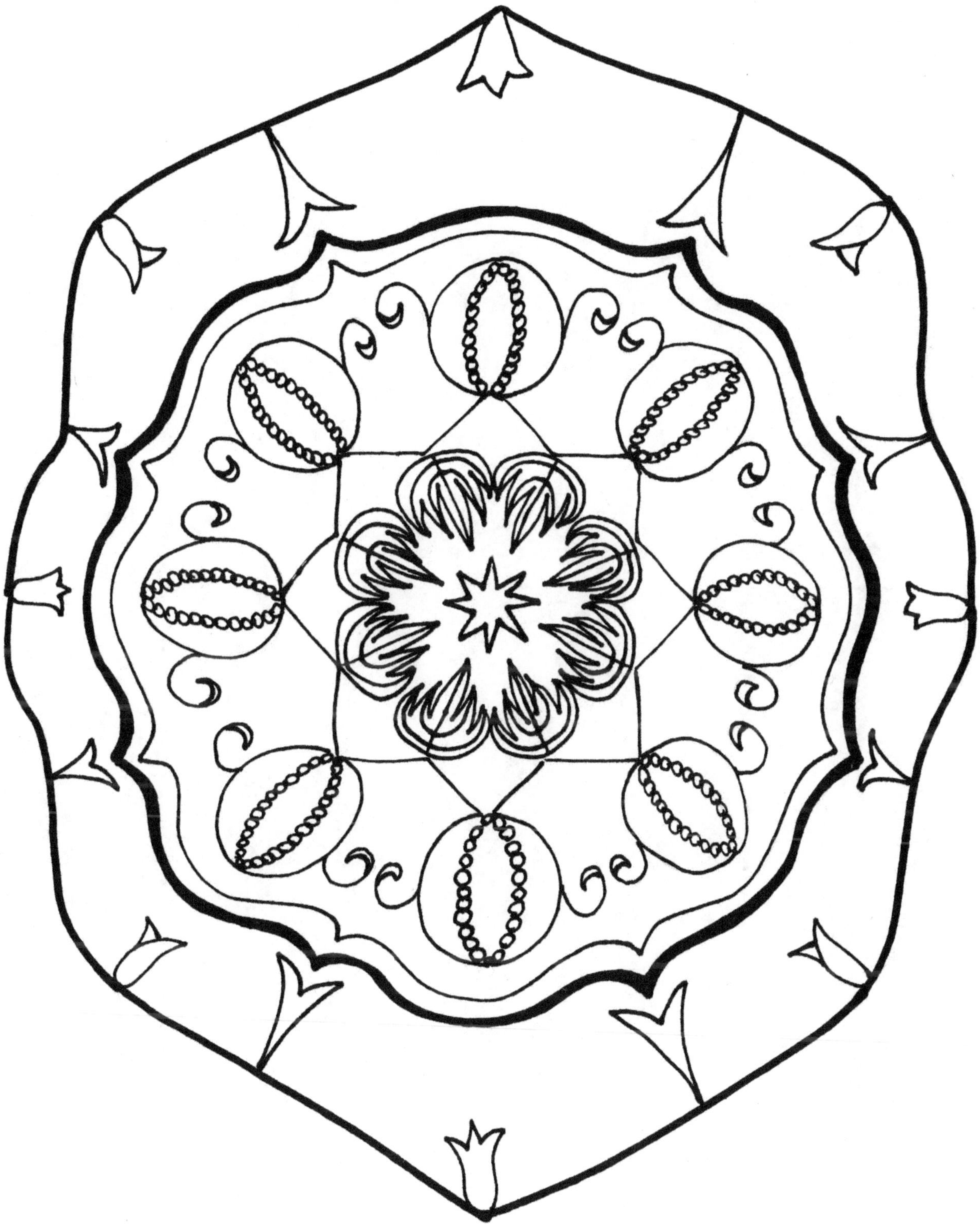

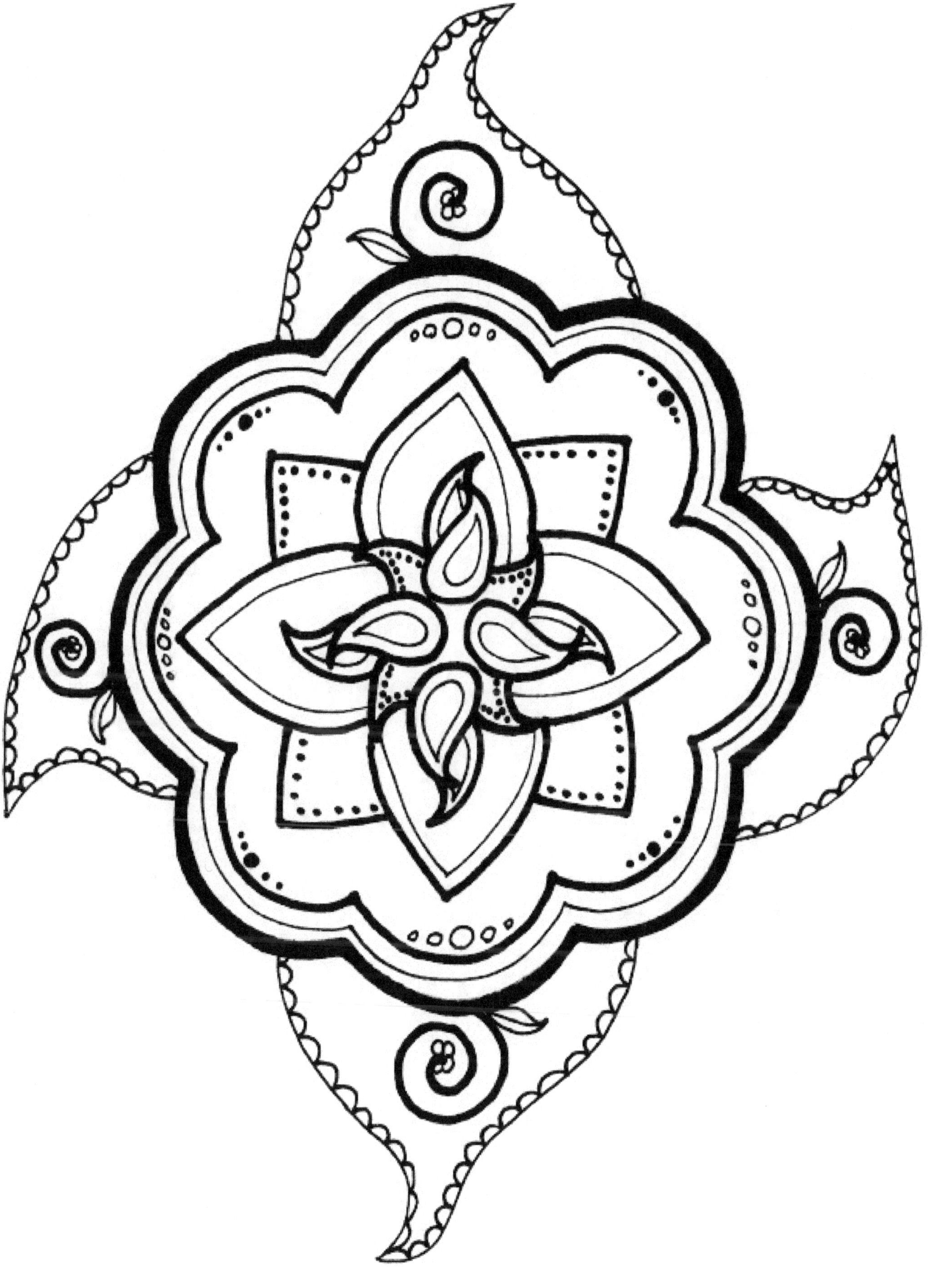

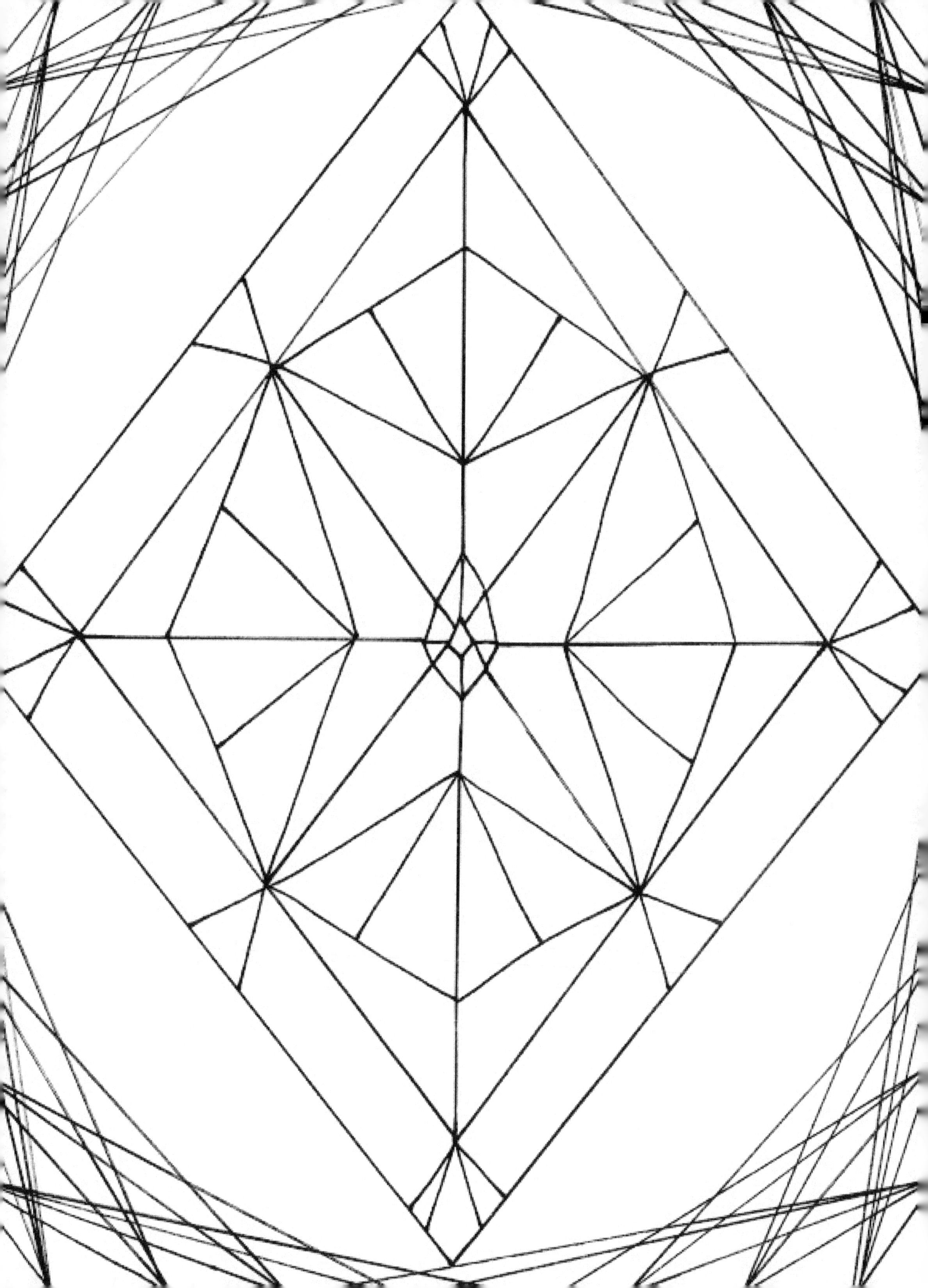

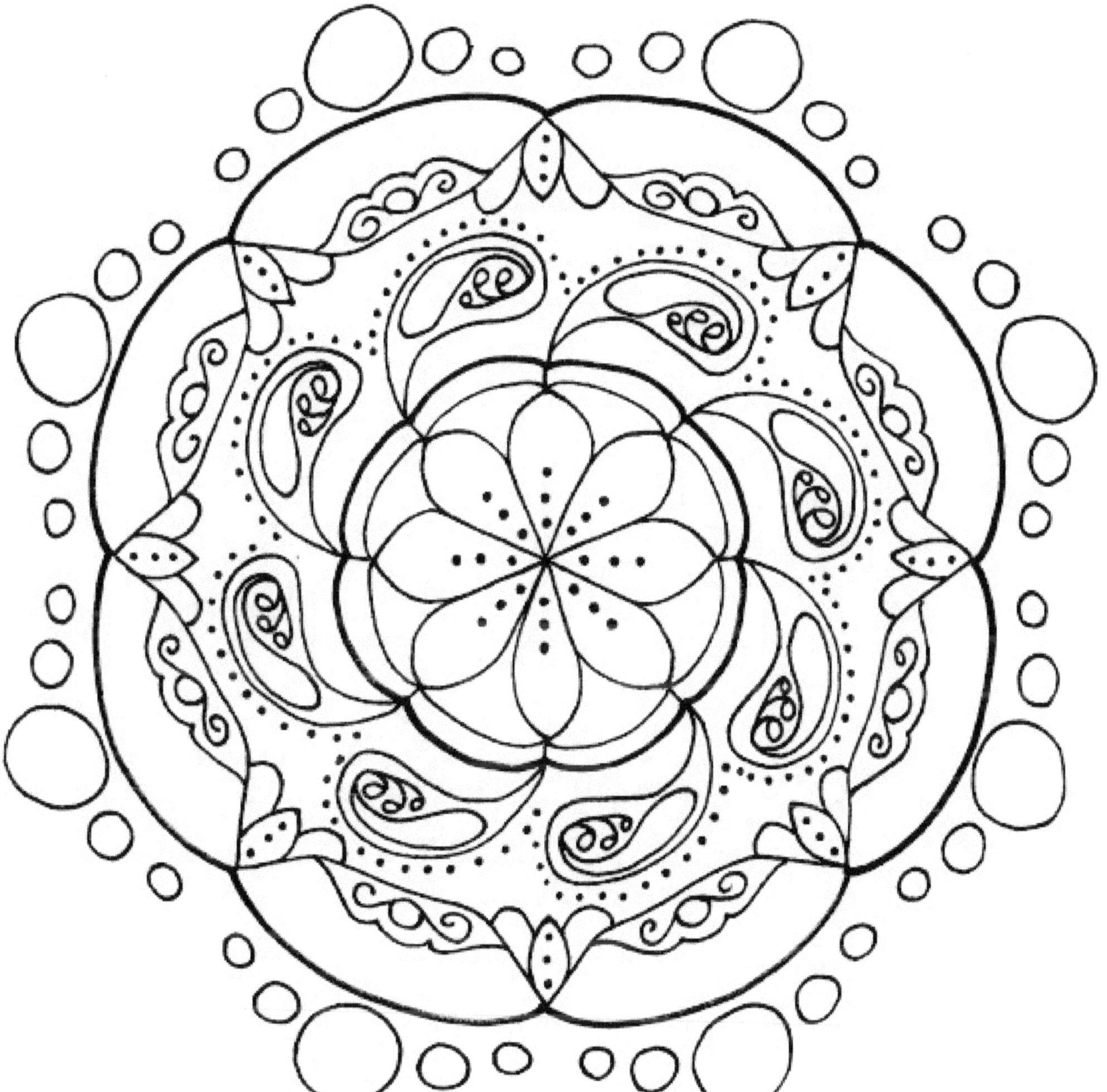

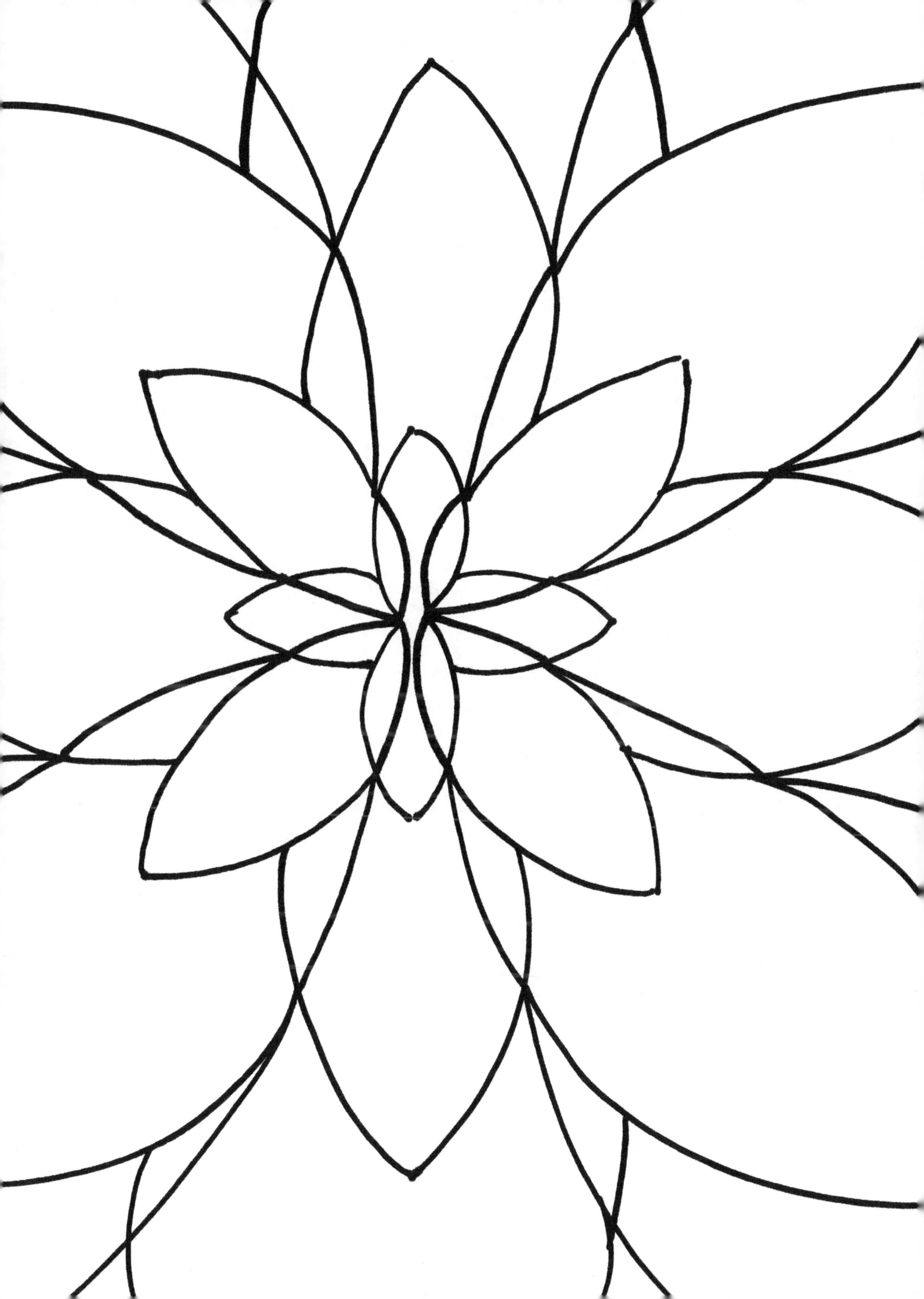

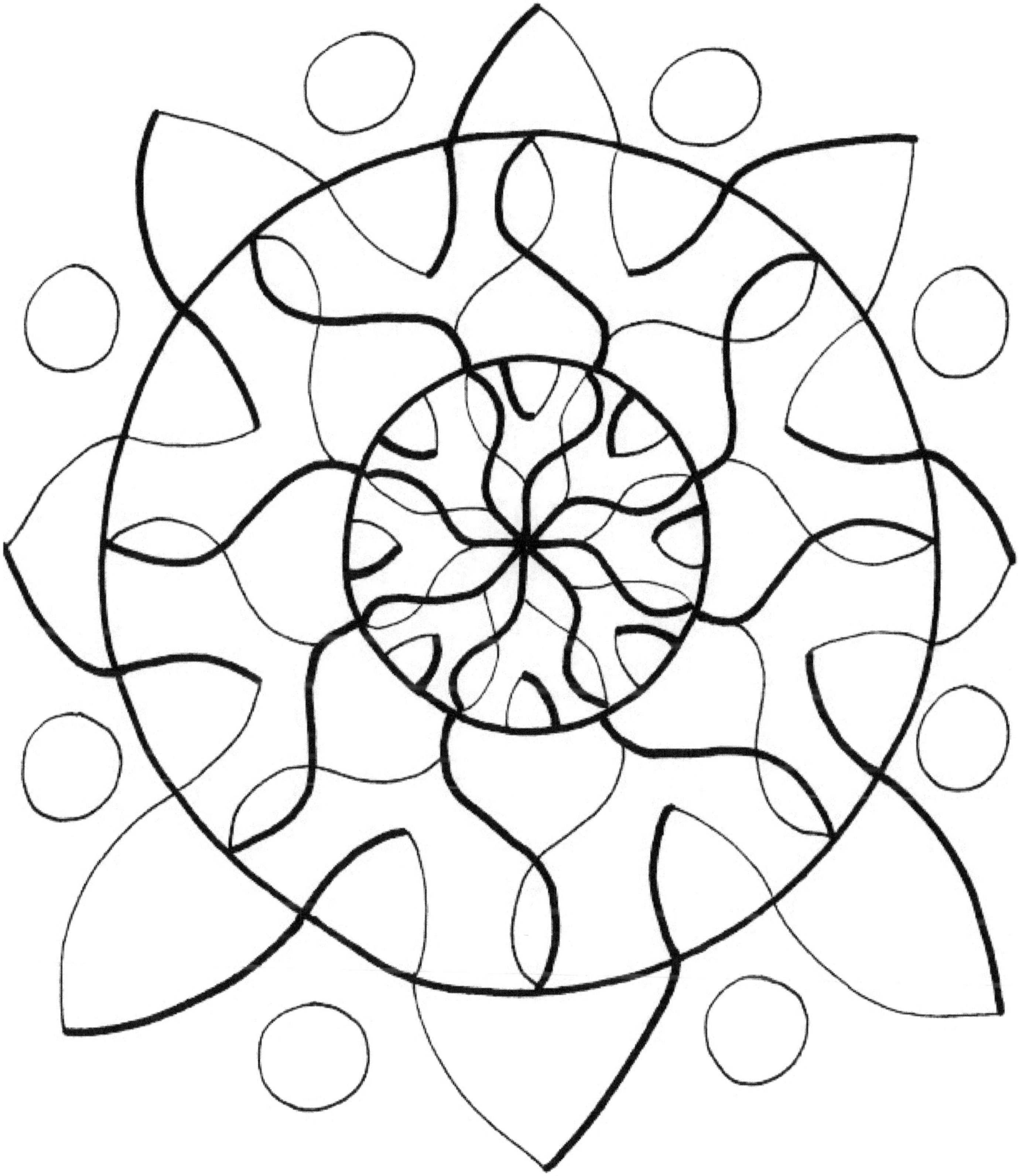

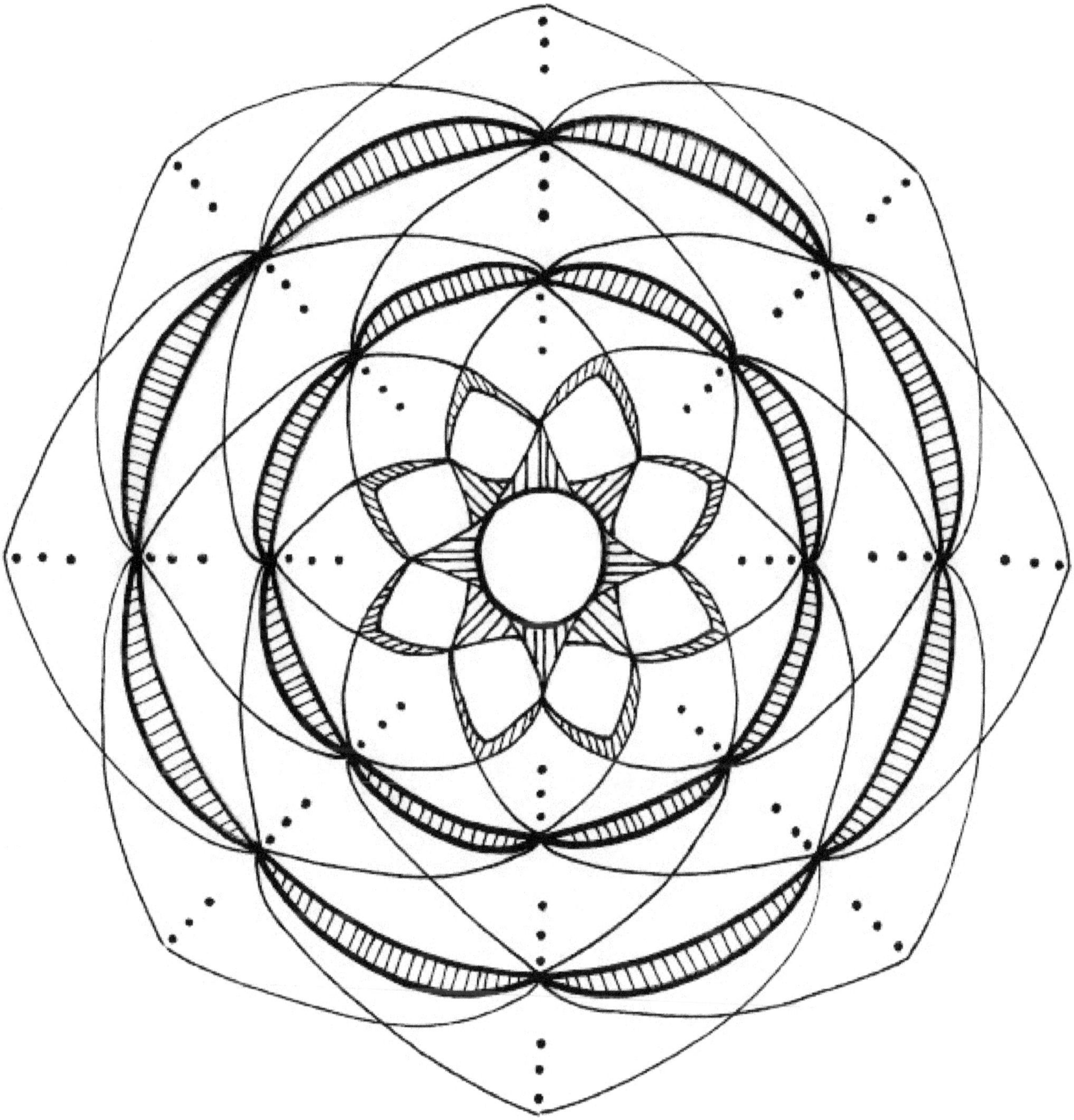

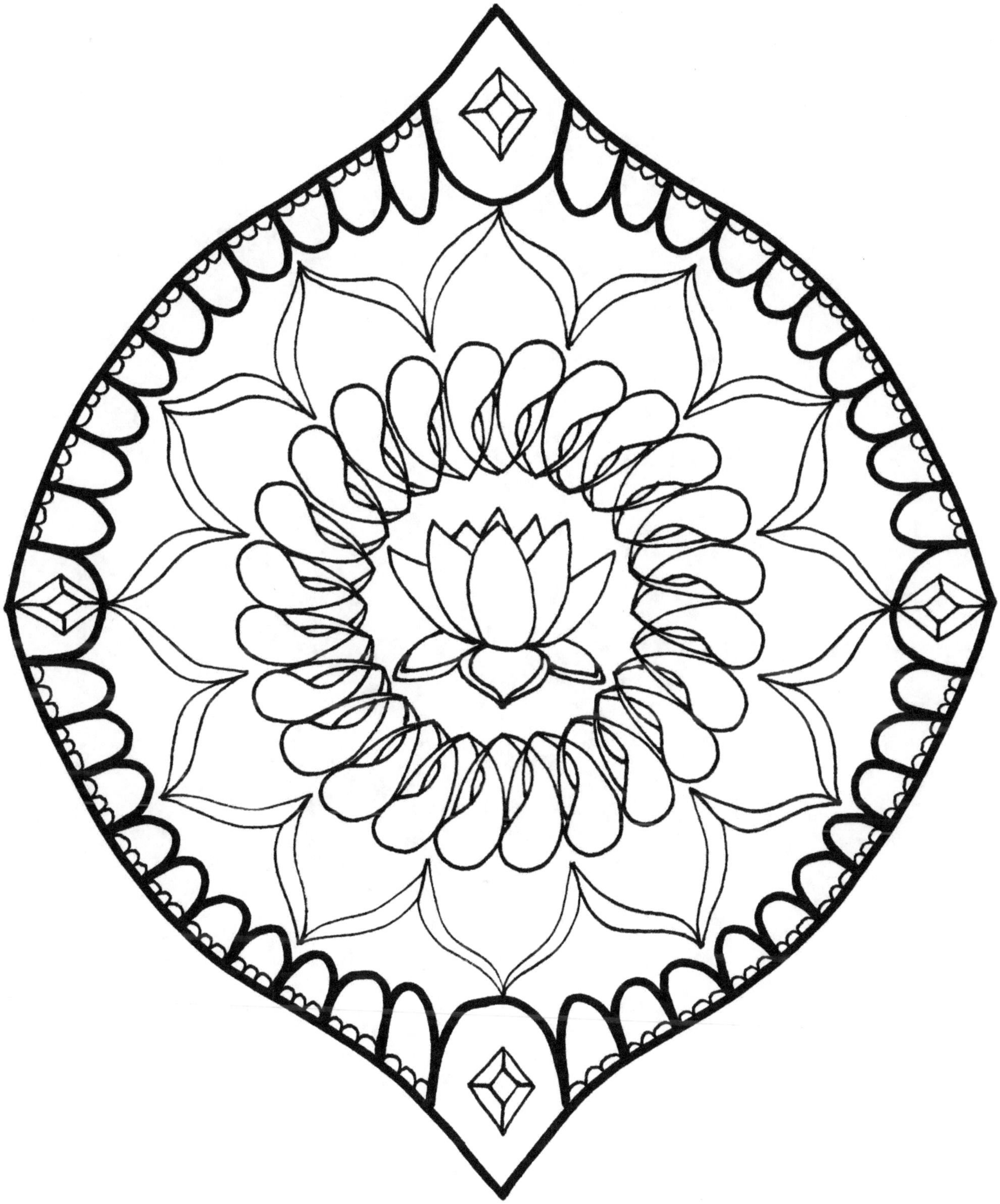

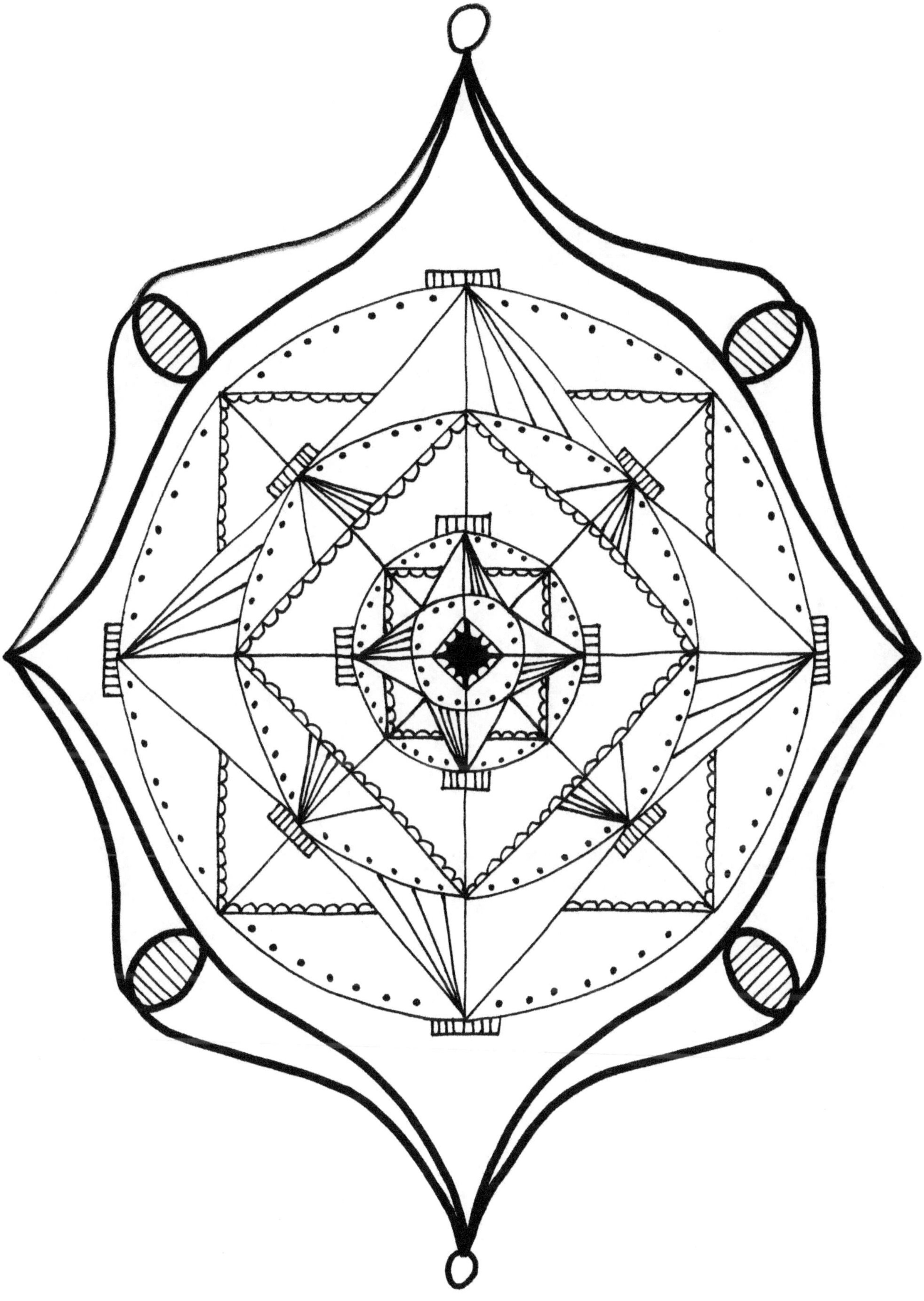

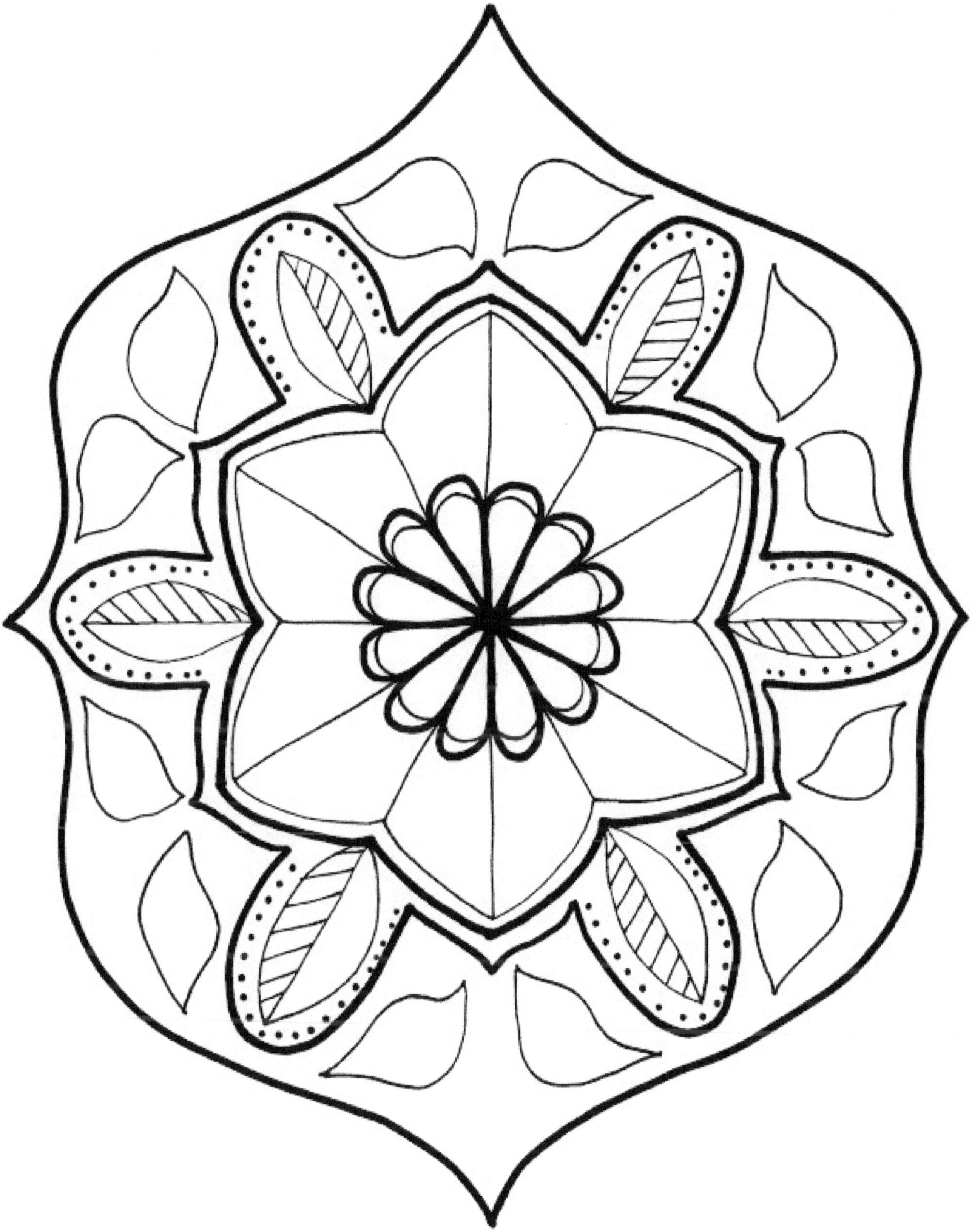

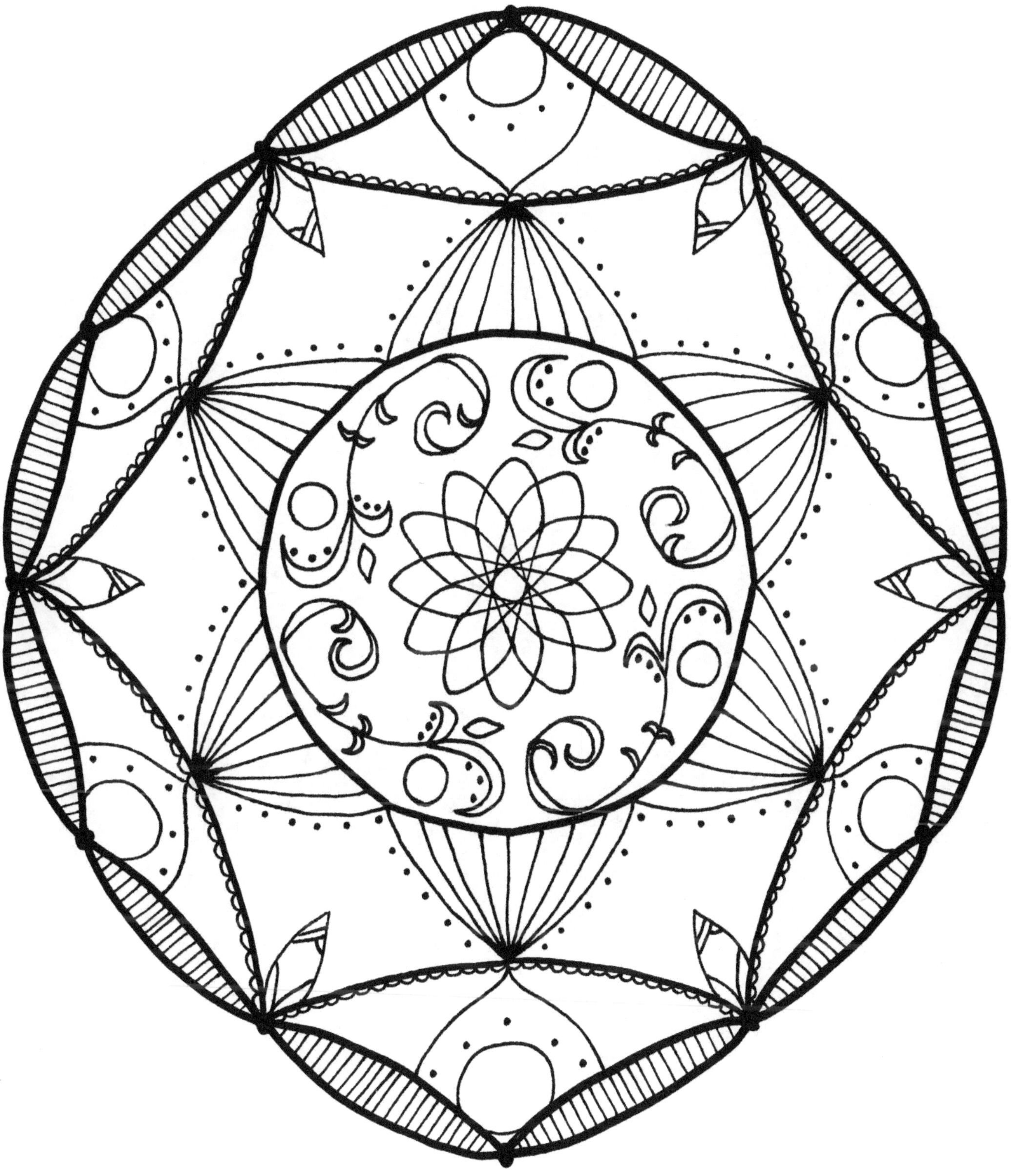

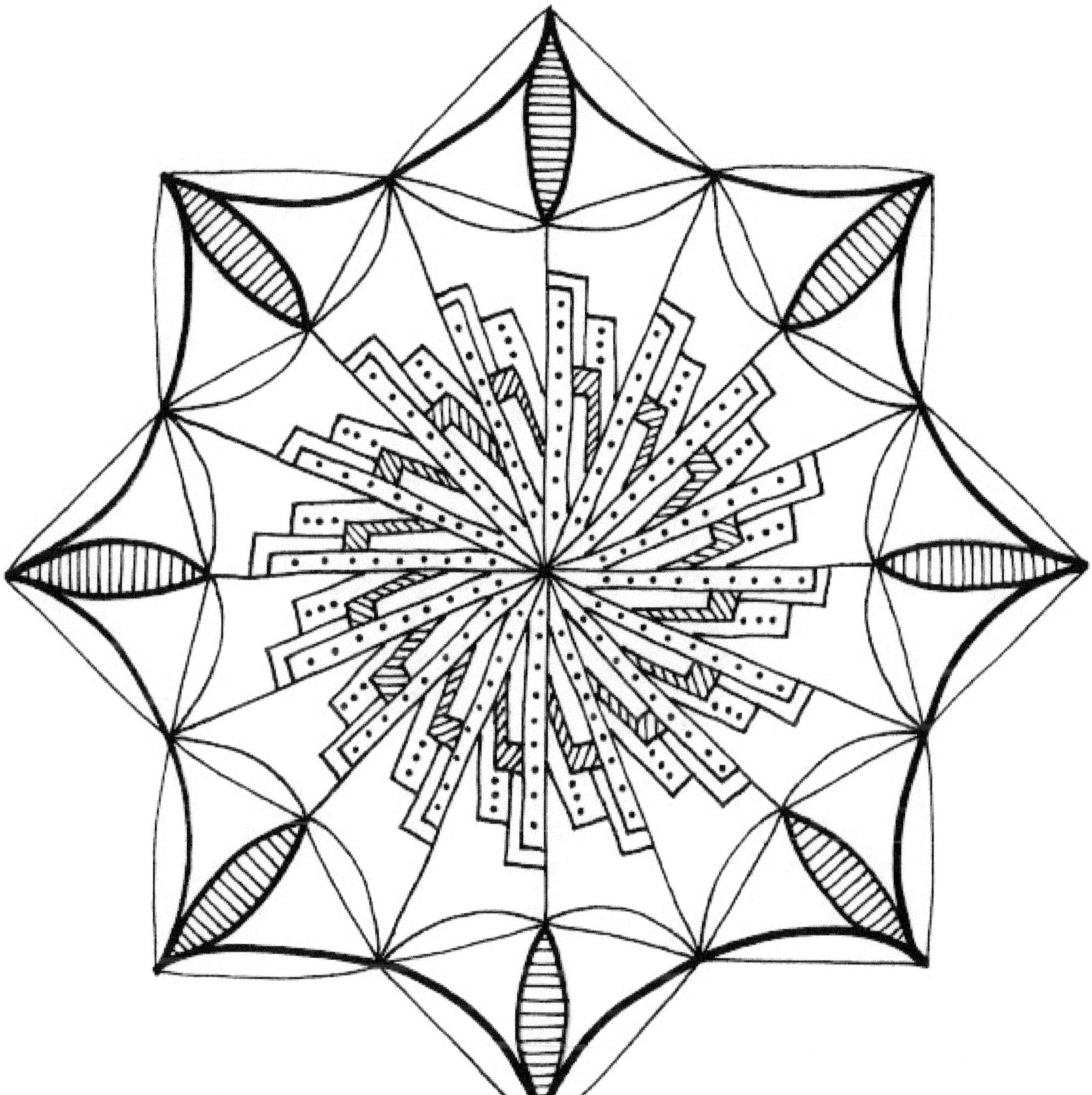

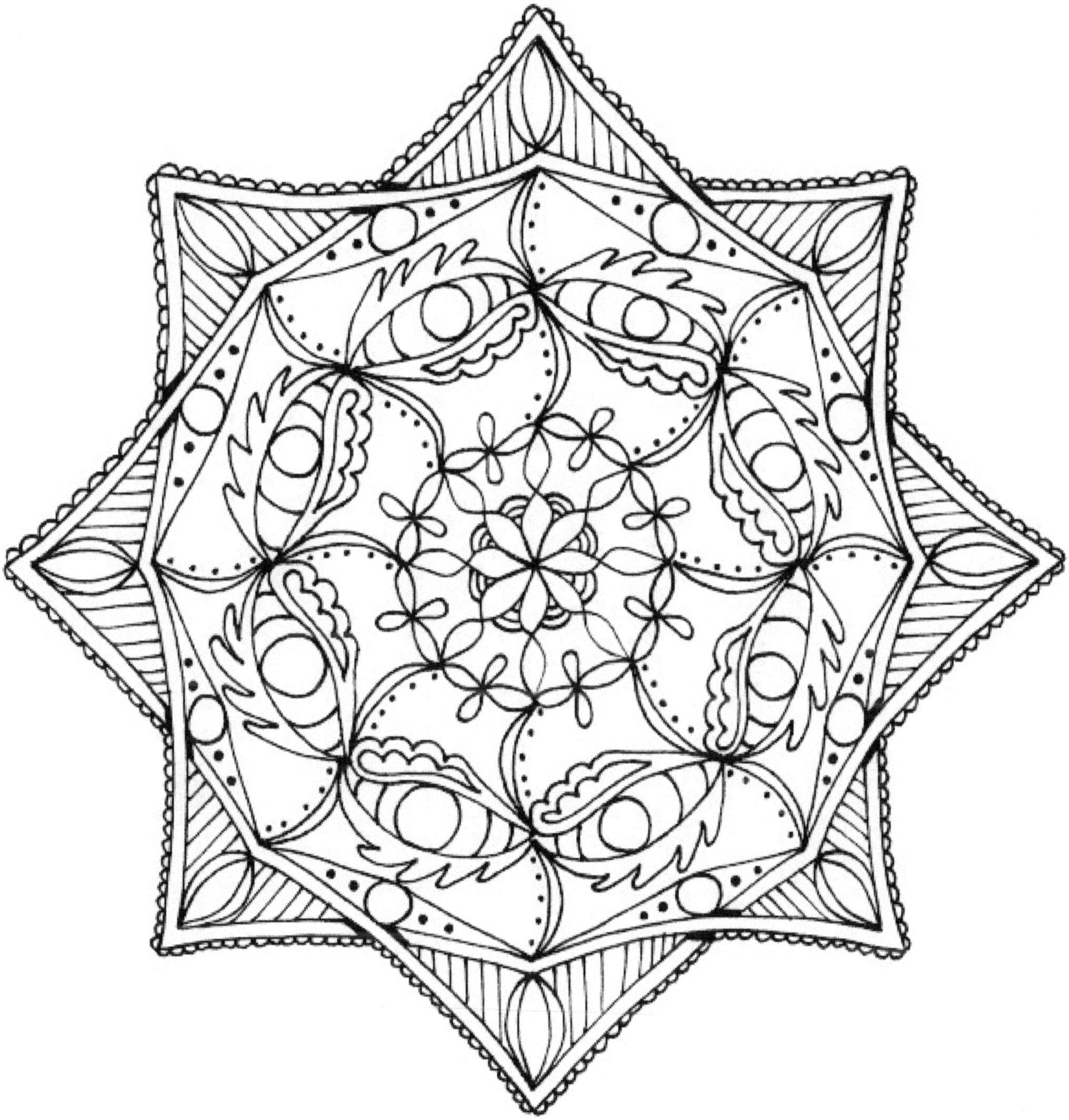

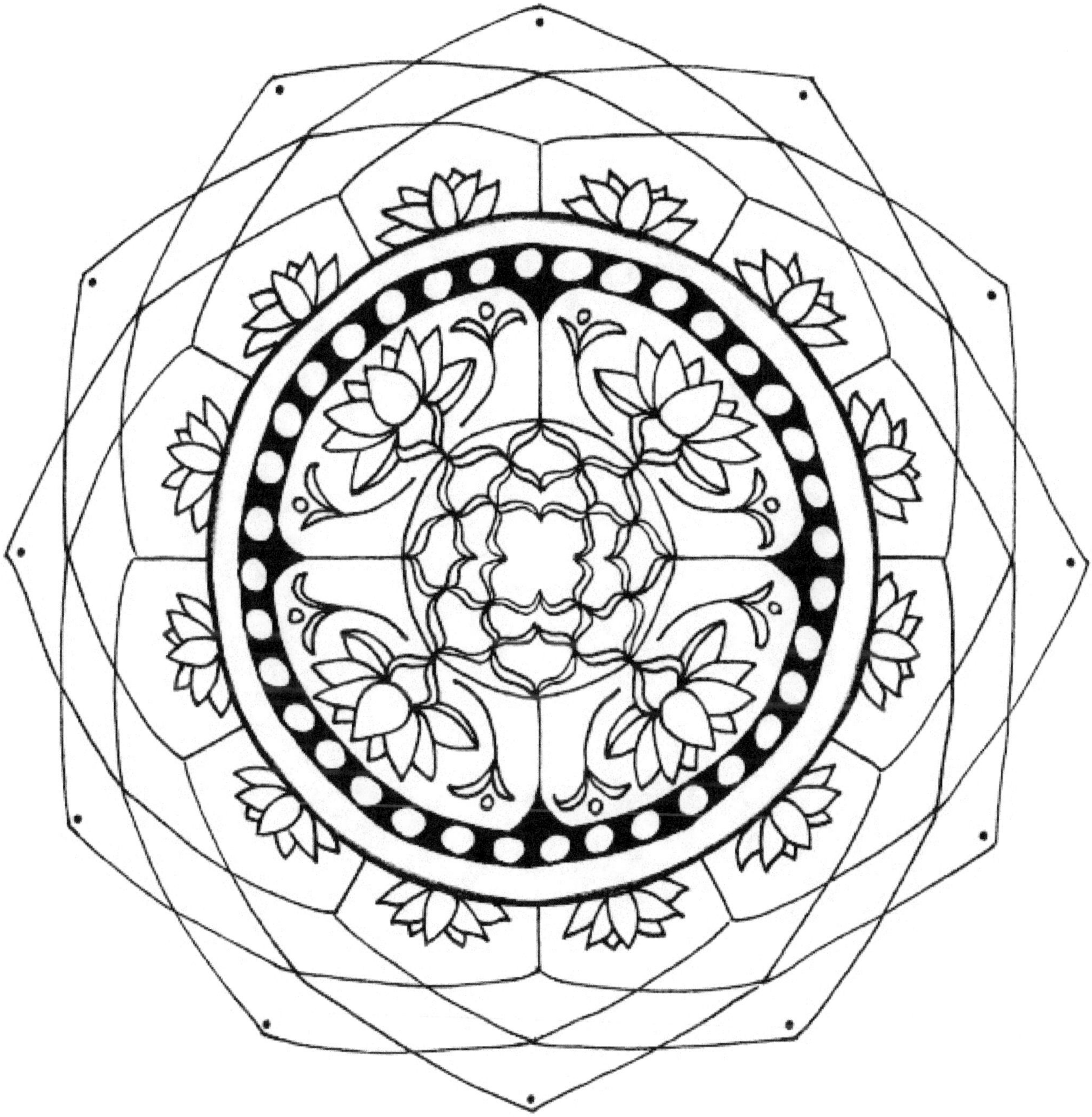

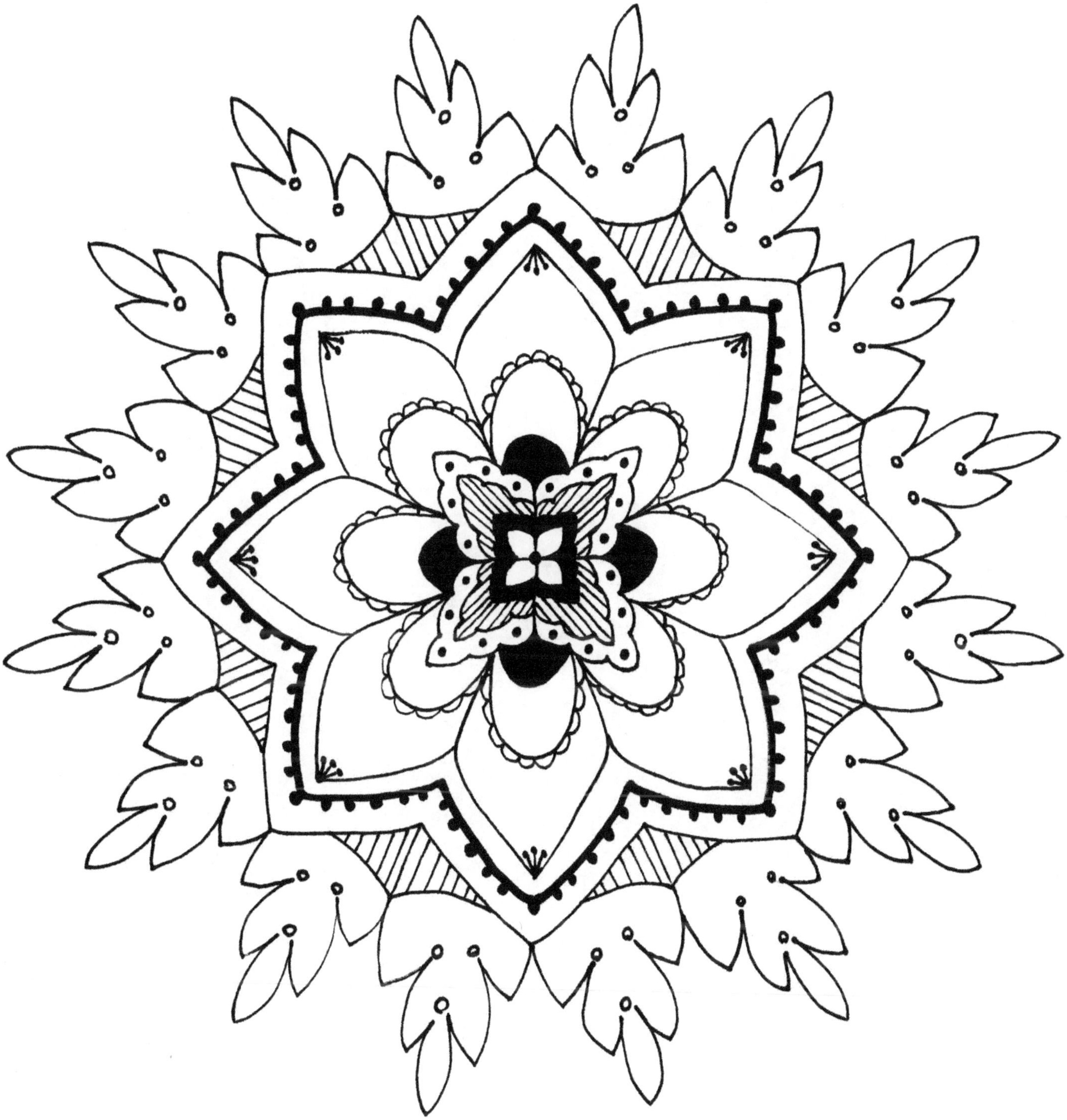

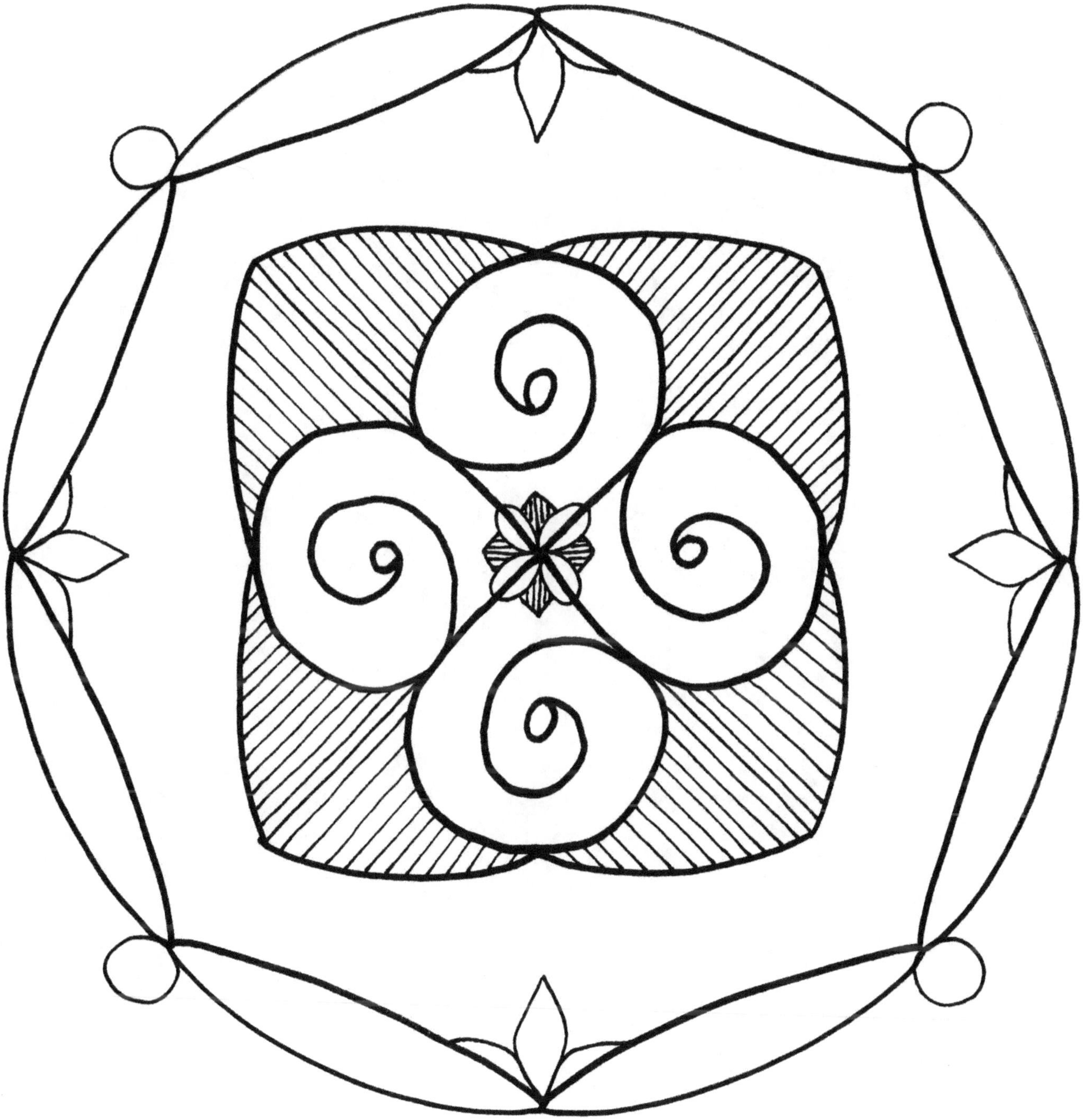

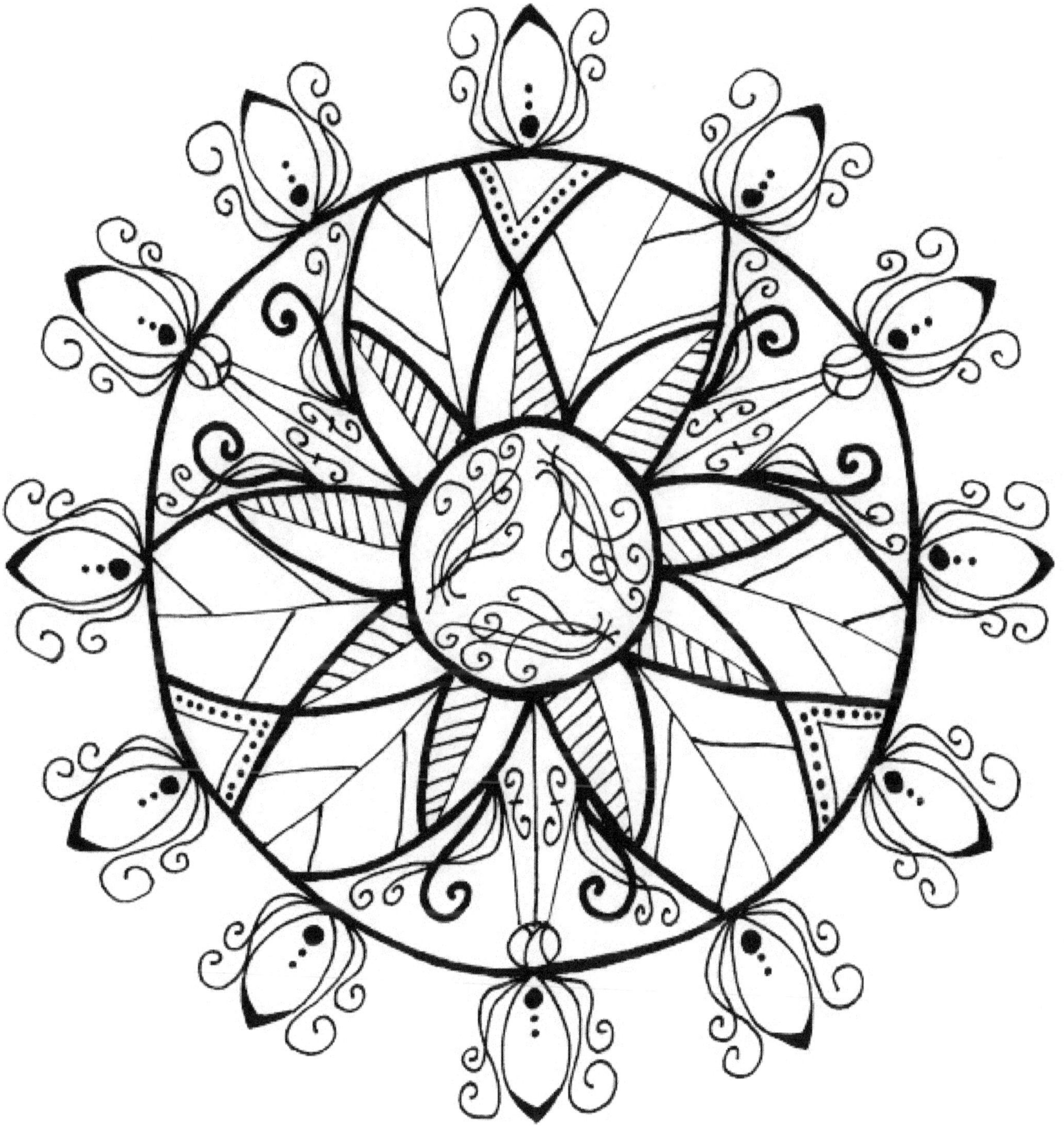

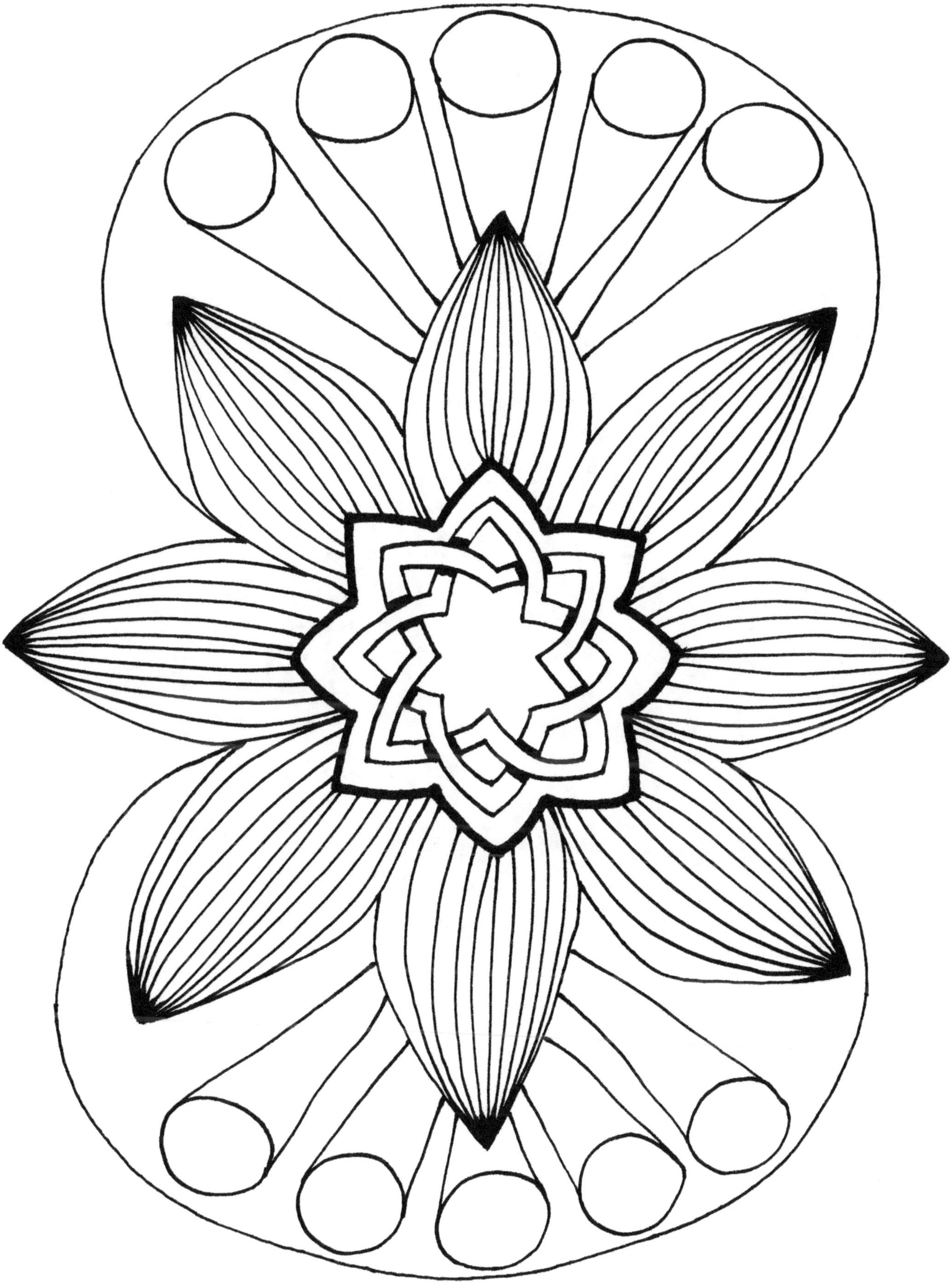

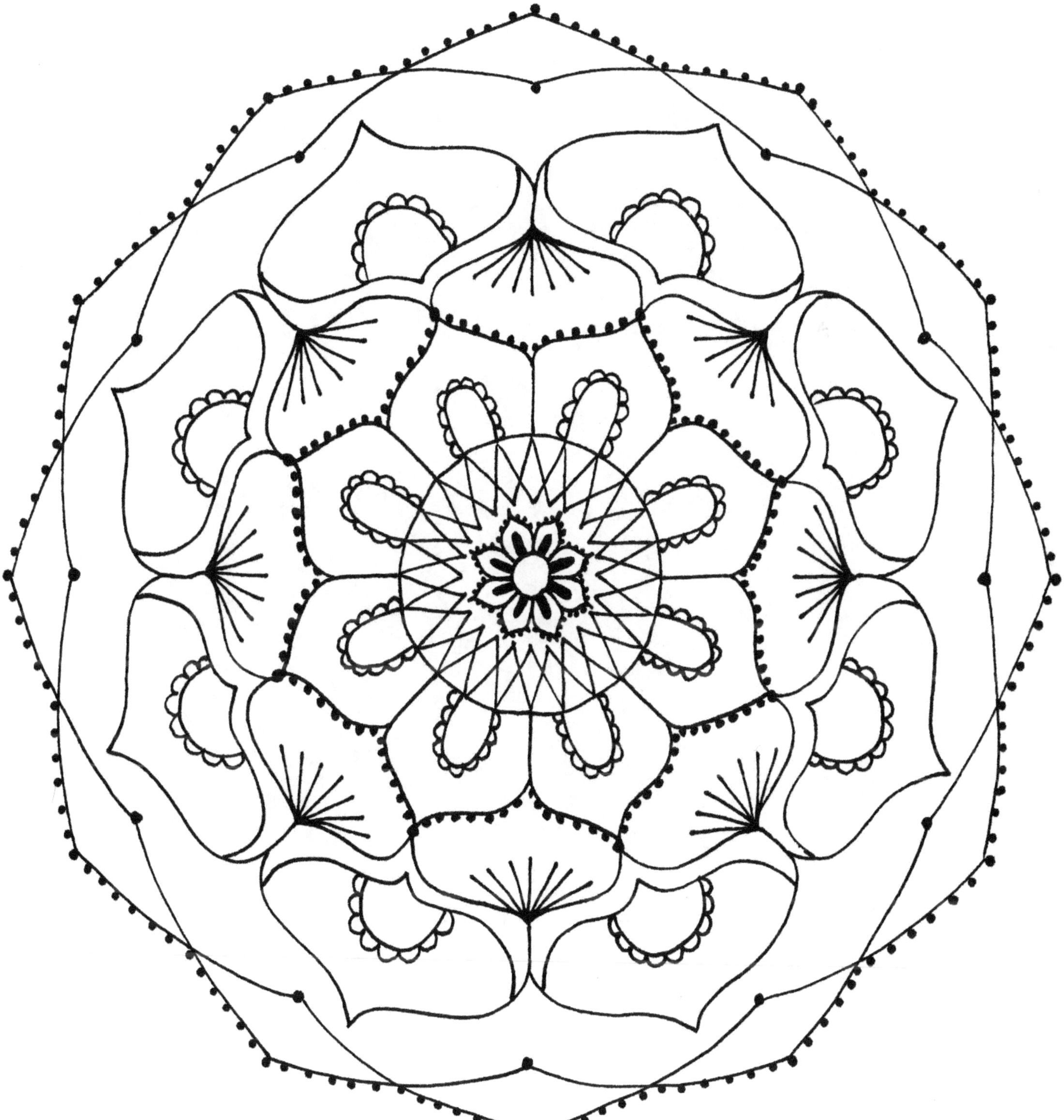

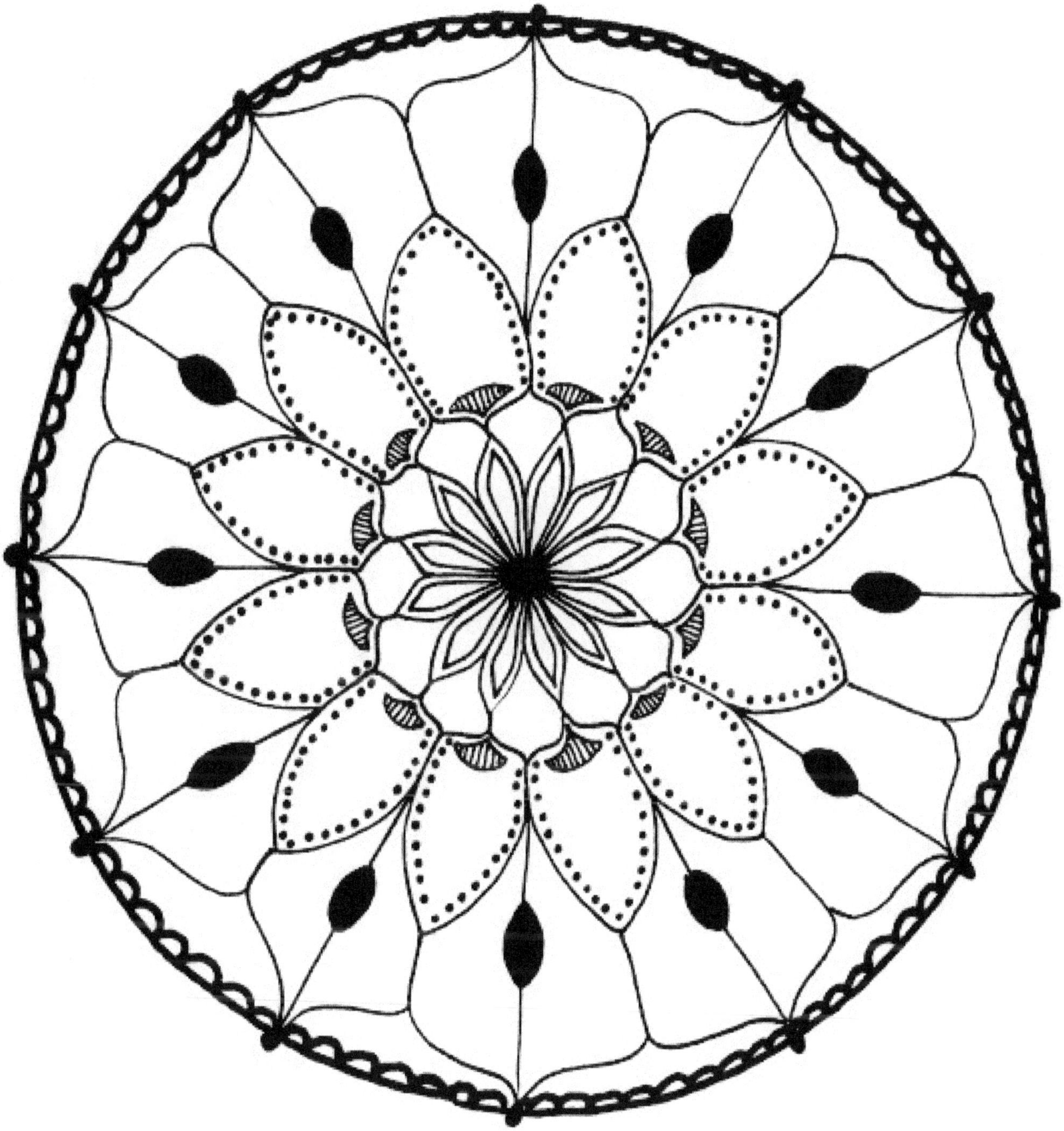

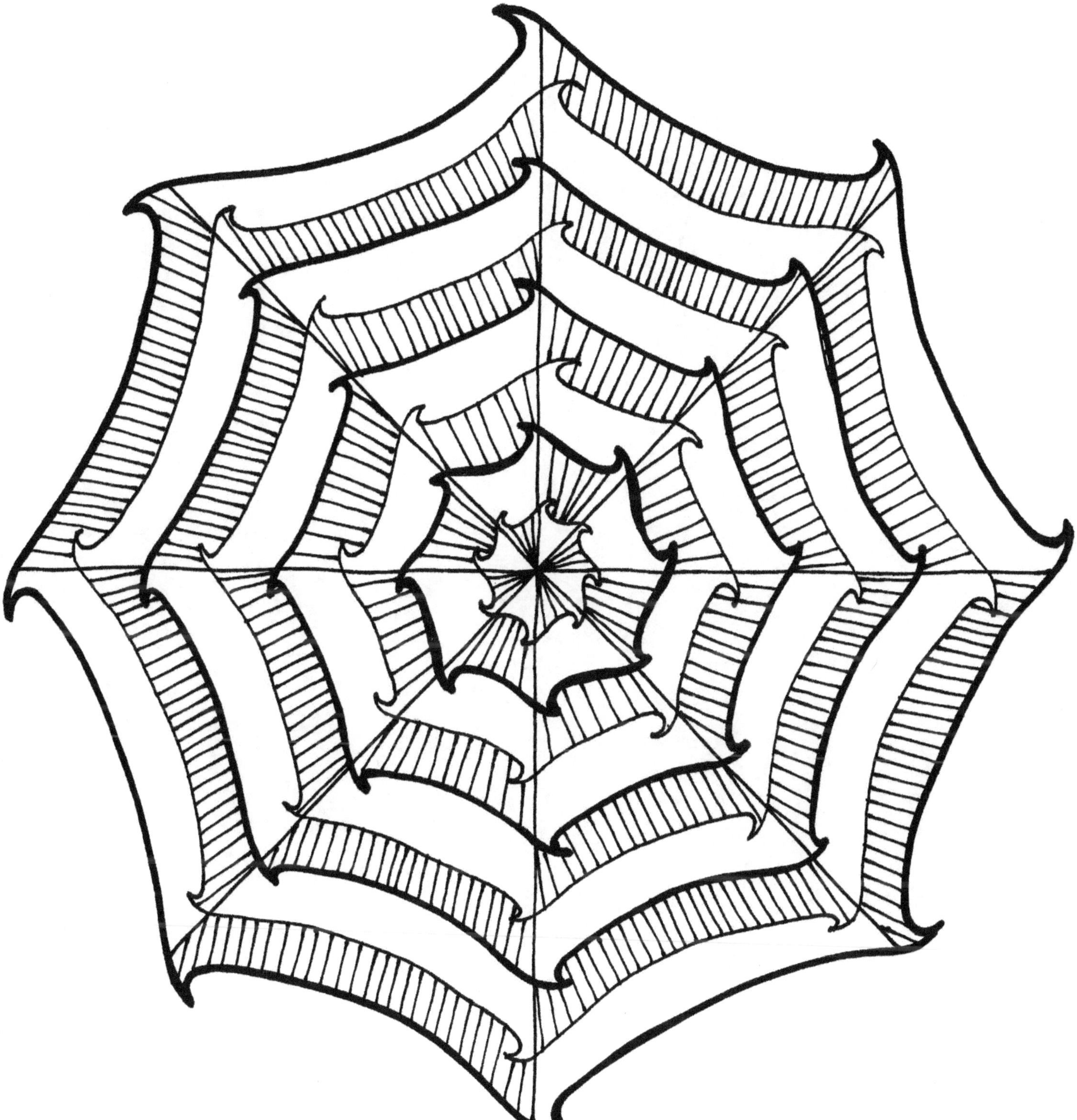

www.ingramcontent.com/pod-product-compliance
Lightning Source LLC
Chambersburg PA
CBHW080713190526
45169CB00006B/2355
* 9 7 8 1 5 3 4 7 4 4 0 1 1 *